高校思想政治教育网络化方法研究

马建强　著

中国海洋大学出版社

·青岛·

图书在版编目（CIP）数据

高校思想政治教育网络化方法研究／马建强著.

青岛：中国海洋大学出版社，2024. 11. -- ISBN 978-7-5670-3983-4

Ⅰ. G641

中国国家版本馆 CIP 数据核字第 2024VG7993 号

GAOXIAO SIXIANG ZHENGZHI JIAOYU WANGLUOHUA FANGFA YANJIU

高校思想政治教育网络化方法研究

出版发行	中国海洋大学出版社
社　　址	青岛市香港东路 23 号　　　　　　**邮政编码**　266071
网　　址	http：// pub. ouc. edu. cn
出 版 人	刘文菁
责任编辑	由元春　　　　　　　　　　　　　**电　　话**　15092283771
电子邮箱	502169838@qq. com
印　　制	青岛中苑金融安全印刷有限公司
版　　次	2024 年 11 月第 1 版
印　　次	2024 年 11 月第 1 次印刷
成品尺寸	170 mm×240 mm
印　　张	7. 25
字　　数	140 千
印　　数	1～1000
定　　价	59. 00 元

发现印装质量问题，请致电 0532-85662115，由印厂负责调换。

前 言

　　大学生是促进国家繁荣发展、实现中华民族伟大复兴的重要力量。因此，高校应该在大学生在校学习的过程中，重视其综合素质的培养。大学生在大学中的主要任务就是学习专业知识，但高校除了向学生传递专业知识外，还承担着立德树人这一根本任务。完成立德树人任务，意味着大学生的思想道德素质会有一定的提升，其综合素质也会因此而有所提升。但我们应该清楚的是，大学生的判断能力相对不强，特别容易被一些不良思想文化所影响，这给高校思想政治教育工作带来了一定的挑战。高校应该正视挑战，不断吸收新的教育理念，探索新的教育方法。

　　人类已经步入信息时代，信息技术影响了人类生活的方方面面，当然也包括教育领域。但网络世界十分复杂，各种信息汇聚，会影响大学生正确的世界观、人生观与价值观的形成，这其实在无形中也给高校思想政治教育带来了压力。面对如此复杂的形势，高校思想政治教育应该将压力转变为动力，积极"走"网络化之路。

　　高校要合理地利用网络技术，自然而然地将传统的思想政治教育方式网络化，从而显著提高高校思想政治教育的质量。高校网络思想政治教育突破了传统思想政治教育的局限性，使学生实现了随时随地的学习，能让其时刻保持与教师的互动，增强了高校思想政治教育的效果。同时，高校网络思想政治教育能丰富教学资源，拓宽学生获得思政信息的渠道。思想政治理论课教师应充分利用网络资源，逐步提升教育效率，扩大思想政治教育在大学生中的影响力。高校网络思想政治教育能够优化思想政治教育环境，增强大学生对主流价值文化的认同感。

　　基于高校思想政治教育网络化的现实价值，笔者在总结前人优秀研究成果以及自身丰富教学经验的基础上，对高校思想政治教育网络化方法进行了探究。本书共分为七章，第一章与第二章介绍了高校思想政治教育与高校网络思想政治教育的相关知识，解读了高校思想政治教育的内涵，分析了高校思想政治教育的特点、原则、价值与功能，探讨了高校思想政治教育融合机制问题，明确了高校网络思想政治教育的优势与不足，指出了高校网络思想政治教育的功能与发展趋向，创新了高校网络思想政治教育路径。第三章与第四章介绍了高校思想政治教育网络化模式与高校思想政治教育网络化方法的支持载体的相关内容，厘清了高校思想政治教育网络化体系构建思路。第五章与第六章梳理了高校网络思想政治教育方法，并通过高校网络道德教育方法实践、高校网络心理教育方法实践、高校网络法治教育方法实践与网络舆情引导方法实践，详细论述了高校思想政治教育网络化方法实践问题。第七章分析了高校思想政治教育网络化发展的保障问题，以确保高校思想政治教育网络化目标的达成。

本书逻辑清晰，叙述得当，阐明了高校思想政治教育网络化方法的理论与实践内容，进一步丰富了高校思想政治教育的研究。然而，由于作者水平有限，书中不少观点可能存在疏漏之处，恳请各位读者批评指正。

目　录

第一章　高校思想政治教育

高校是大学生接受素质教育的重要场所，大学生思想政治水平受到高等院校思想政治教育水平的影响。因此，高校应加强大学生的思想政治教育，使大学生的身心得到全面发展。

第一节　高校思想政治教育面临的机遇与挑战

一、高校思想政治教育面临的机遇

（一）全球化带来的机遇

全球化为新时期高校思想政治教育提供了新机遇。全球化不但为中国提供了稳定的国际发展空间，同时也对中国经济政治的发展起到了巨大的推动作用。

大学生在全球化的背景下接触多元文化，追求自我个性，精神世界得到了极大的满足。与此同时，学生们的主体能动性得到施展，激发了大学生的创造力。全球化带动了技术的变革，互联网的高速发展也为思想政治教育工作创造了新的机遇，它拓宽了高校思想政治教育领域，充实了思想政治教育内容，打破了传统的思想政治教育模式，提高了思想政治教育效率，拉近了教育者与受教育者的距离。

（二）市场经济带来的机遇

随着社会主义市场经济的改革与发展，公平竞争意识、自由平等意识、民主法治意识等观念进一步深入大学生心中，社会主义市场经济使受教育者的主体地位明显提升，师生之间的互动性得以加强，大学生分析与解决问题的能力得以提升，有更多的机会将理论与实践相结合，教育者和受教育者的共同参与度提高，有利于更好地开展思想政治教育。

1. 社会主义市场经济有利于增强大学生主体地位意识

随着社会主义市场经济的发展，当代大学生主体地位意识显著增强，大学生在学习中更愿意突出自己的地位，更希望与老师开展互动，更乐于把自己的观点在课堂上进行分享。在教学活动中，学生的参与性、积极性、需求性也较高，学生在思想政治教育的第一课堂和第二课堂变得更加活跃，这些都提升了思想政治教育的实效性。

2. 社会主义市场经济为思想政治教育提供了物质基础

思想政治教育活动作为教育活动的有机组成部分，需要赖以生存和发展的物质基础，经济发展越好，生活水平越高，大学生越有信心参与思想政治教育活动。

社会主义市场经济的发展使物质产品更加丰富，增强了大学生对生活的信心和对未来美好生活的向往。社会主义市场经济的发展为思想政治教育创造了不可或缺的物质基础，为思想政治教育活动带来了新的生命力。

（三）科学技术发展带来的机遇

新时代，高校思想政治教育的内容、方式以及载体等都发生了变化，传统的单向教学已不能适应时代的要求。而数字化技术以大量的数据为基础，深入研究算法和推理过程，通过虚拟现实技术、智能数据分析、人机交互技术和智能评价系统等功能有效满足了新时代高校思想政治教育的需求，在赋能过程中提升了高校思想政治教育的吸引力、针对性和智能化，保障了高校思想政治教育的科学性。

1. 虚拟现实技术增强了高校思想政治教育的吸引力

在数字化技术时代，虚拟现实技术利用动态环境建模、三维立体显示以及图像传感等高科技智能技术，模拟真实环境，使大学生与虚拟环境能够直接接触，实现沉浸式体验，进一步为高校思想政治教育增添了吸引力和感染力。

第一，高校思想政治教育利用智能技术打破了传统的物理空间限制，使大学生不仅能够很方便地学习本校的课程，还能够学习其他学校的课程。

第二，虚拟现实技术下的高校思想政治教育，能够使大学生有更加真实的体验，有利于思想政治教育从"说教式"的灌输向"体验式"的熏陶转变。虚拟现实技术将真实情景再现，不仅使大学生有身临其境的真实感受，同时还能更好地引导大学生思考和解决问题。

第三，虚拟现实技术将大学生与虚拟世界进行有效连接和互动，可以让大学生充分感受知识的真谛和价值，获得真实体验和情感共鸣。虚拟现实技术不但能提供更为逼真、高效的观看体验，还能为思想政治教育实践提供丰富而直观的材料，激发大学生的积极性和主动性，增强高校思想政治教育的吸引力和感染力。

2. 科技生活方式的变革拓展了大学生思想政治教育的新空间

在互联网时代，社会就像一张无形的网，将个体、组织、集团都纳入其中，且能够保持有序、高效地运行。

新科技革命催生的互联网尤其是移动互联网，以一种新的方式不断地拓展思想政治教育的空间，使思想政治教育效果得到了质的飞跃。

可见，科学技术的发展给思想政治教育的发展提供了历史新机遇，教育者能够借用新科技革命的成果，开展思想政治教育活动，创新思想政治教育手段，丰富思想政治教育载体，拓宽思想政治教育空间。

二、高校思想政治教育面临的挑战

（一）全球化背景下高校思想政治教育的新挑战

尽管全球化给高校思想政治教育工作带来了诸多机遇，但同时也让思想政治教育工作的开展面临着诸多挑战。随着全球化的发展以及社会文化的日趋多元化，大学生们可以了解的信息增多，加之他们思想活跃，反应迅速，在探索新问题时出现了与以往不同的新特点，但在很多方面也表现出令人担忧的问题，如当代大学生在面对多元文化时的选择能力有待提高，在自我意识增强的同时社会责任感有待提高。并且，当代大学生对网络十分依赖，而虚拟的网络世界给大学生带来了许多思想隐患，这就使思想政治教育工作困难重重，充满挑战性。

（二）经济社会转型带来的问题

在社会发展过程中，随着市场经济的逐渐强化，人们的思想道德观念也随之变得多样化。在这样的情况下，高校思想政治教育工作面临前所未有的挑战。

当代大学生无论是在时代精神，还是在时代观念意识方面，较过去都有着明显的发展。但是，由于我国市场经济制度存在的弱点和复杂的社会环境，使得很多高校往往忽视了人才培养的周期性和长远性，追求短期的市场需求，这在一定程度上影响了高校思想政治教育工作的开展。

（三）新科技革命带来的挑战

移动互联网等新媒体的迅速发展，给信息的获取、传播带来了极大的便利。然而，信息化、网络化导致各类信息鱼目混珠，在冗杂的信息海洋里，失真信息、无效信息、有害信息破坏了信息的真实性和价值性，影响知识的有效性和针对性，造成信息使用的无序难控，降低了主流意识形态的传播效率，这无疑会给高校思想政治教育带来隐忧。

第二节　高校思想政治教育的内涵与特点

一、高校思想政治教育的内涵

高校思想政治教育是高校意识形态工作的主渠道和主阵地。在当代中国，坚持马克思主义指导思想，关键是要坚持以马克思主义中国化最新理论成果为指导，引导青年学生不断增强道路自信、理论自信、制度自信、文化自信，把实现中华民族伟大复兴中国梦的满腔热情转化为刻苦学习、努力工作、报效祖国的实际行动。

高校思想政治教育具有鲜明的中国特色。作为我国高等教育的一个重要组成部分，其内容是系统的而不是零散的，具有严密的科学体系。它既包括思想教育、政治教育这样的主导性教育，也包括道德教育、心理教育和法纪教育等基础性教育。

时代在发展，思想在进步，新时代的思想政治教育同样不能止步不前。高校思想政治教育应做到因事而化、因时而进、因势而新。大学阶段是形成个人思想及价值观的重要阶段，所以高校一定要清楚时代的主题与精神，围绕这一主题开展思想政治教育工作，切实将时代精神贯穿融合到具体的思想政治教育过程中，保证思想政治教育工作的"鲜活"。

高校思想政治教育是一种实践活动。在高校思想政治教育活动中，大学生作为思想政治教育的主体和客体，实现了双重身份的统一；思想政治课则成为高校思想政治教育的工具，以将大学生培养成社会主义伟大事业的合格建设者和接班人为目标。我们必须坚持马克思主义在各项教学内容中的主导地位，保持思想政治教育的社会主义方向，用中国特色社会主义理论体系武装大学生的头脑，树立中国特色社会主义共同理想，树立正确的世界观、人生观和价值观，促进大学生的全面发展，增强大学生的社会责任感，提高其创新能力和实践能力。

当前，随着经济全球化进程的日益加快，西方各种文化思潮和价值观念不断冲击大学生的思想，影响着大学生的价值观。现在，一些大学生在不同程度上存在着理想信念模糊、价值观念扭曲、诚信意识淡薄和社会责任感缺乏等问题。为完成社会主义现代化建设的目标与任务，实现中华民族伟大复兴，确保中国在激烈的国际竞争中处于不败之地，加强对大学生的思想政治教育是十分必要的，有利于高校为社会培养出更多的高素质人才。

二、高校思想政治教育的特点

（一）意识形态性

思想政治教育具有鲜明的意识形态性。马克思主义作为我国的主流意识形态，是历史和人民的选择，是经过我们党的实践验证的正确选择。当前，我们要牢牢把握马克思主义在意识形态领域的指导地位，坚持习近平新时代中国特色社会主义思想，充分利用高校思想政治教育这个途径向学生传播主流意识，积极应对意识形态领域的挑战。

（二）复杂性

高校思想政治教育的本质性任务是促进大学生群体的全面发展。高校思想政治教育是我国思想政治教育的重要一环，是促进我国现代化建设的重要力量，是培养高素质合格人才的根本保证。与高校的其他教育内容相比，思想政治教育工作的时间、空间、方法和手段是不同的，具有显著的复杂性特征。

高校思想政治教育的复杂性体现在两个方面：一是大学生群体的开放性、自主性。正是因为高校思想政治教育主体的心理发展特点呈现出开放性和自主性特征，才使思想政治教育变得更为复杂。由于在教育过程中必须在注重大学生个性的同时还要注重其社会性，这就要求高校思想政治教育活动必须做到"因人施教"。二是高校的整体性。在开展高校思想政治教育的过程中，也应该考虑教育的整体性，也就是还要关注专业教育，鼓励专业课教师在专业课堂上渗透思想政治教育，这也使高校思想政治教育工作变得复杂。

（三）开放性

高校思想政治教育的开放性可以借助全球化体现出来。全球化时代的高等教育是一种开放式教育，在这一背景下，高校思想政治教育无论是环境、过程，还是内容的开放性，都变得越来越显著。

高校思想政治教育的全球化特征突出表现在中外政治、经济和文化交流活动日益频繁的形势下，不同国家的高校思想政治教育可以求同存异和相互借鉴；高等教育和社会之间的界限逐渐变得模糊，高校思想政治教育更加贴近社会实际生活；高校的改革和发展必须接受市场的检验和选择，高校和社会之间共生互动的新格局正在形成。

高校思想政治教育与全球教育发展的历史趋势相适应，与社会主义市场经济建设的进程相协调，与当代大学生的全面发展相结合，发扬与时俱进和求真务实的精神，才能保持其自身的开放性。

（四）人文性

高校思想政治教育已经形成了以学生为本的观念，把教育学生和关心学生结合起来，把塑造学生和服务学生结合起来，把校园文化建设和学生的健康成才结合起来，紧密围绕学生的成长和成才进行，这充分反映出对学生的人文关怀，体现出人文性的特点。

重视对大学生的人文关怀，必须从当代大学生的思想实际出发，树立民主、平等、沟通和协商的观念，把高校思想政治教育工作做细、做活、做实。

第一，要深入细致地研究与当代大学生思想相关的热点、难点和疑点问题，以提高他们的人文素质，培养他们的人文精神。

第二，要加大校园文化建设的力度，通过各种形式的校园文化活动营造健康、文明、向上的生活氛围。

第三，要不断延伸高校思想政治教育的覆盖面，使思想政治教育工作进公寓、进社团、进网络。

第三节　高校思想政治教育的原则与价值

一、高校思想政治教育的原则

（一）目的性原则

目的性原则，是指在思想政治教育的全过程中，始终要坚持思想政治教育的目的。其基本内容主要有三点：第一，教育目的必须贯穿教育过程的始终，一刻也不能脱离教育目的的制约；第二，具体教育目的必须符合思想政治教育的总目的，不能脱离或违背思想政治教育总目的；第三，教育目的是衡量思想政治教育成效的标准。

坚持目的性原则，对思想政治教育有着十分重要的意义。首先，坚持目的性原则就是坚持思想政治教育的本质和方向。教育目的是教育本质的体现，有什么样的教育本质，就会有相应的教育目的；同样，坚持了教育目的也就坚持了教育本质。其次，坚持目的性原则才能实现思想政治教育的价值。教育目的是教育价值的直接载体，达到了教育目的，也就实现了教育的价值。

高校思想政治教育的目的就是要把大学生培养成掌握正确的政治理论，具有坚定正确的政治方向、高尚的道德情操和高度的民族责任感，甘愿奉献于社会主义现代化事业的"四有"新人。高校思想政治教育遵循目的性原则，就是要求高校教育的各个环节、各个阶段，都要从教育的目的出发。

（二）联系发展的原则

坚持联系发展的原则，就是要明确教育者与受教育者互为主、客体，二者之间的思想疏导、情感交流和信息反馈是双向关系的观点，这样才能促进思想政治教育的良性发展。

联系发展的原则是从唯物辩证法的角度来讲的。唯物辩证法揭示了物质世界的普遍联系和永恒发展，是关于自然、人类社会和思维的运动发展的普遍规律的科学，它既是世界观，又是方法论，是思想政治教育必须遵循的。

（三）针对性原则

教师要根据学生的身心发展特点向其传授思想政治教育内容，这就是针对性原则。基于此，对于思想政治理论课教师来说，首先应该做的就是对学生的身心特点有所了解，同时了解学生的实际学习与生活情况。

认识与理解针对性原则，笔者认为可以从以下三个方面入手。

1. 针对大学生的身心发展特点

到了大学阶段，大学生的身心呈现出一系列新的特点，他们的身心相对来说已经成熟，而且他们充满活力，对未来充满憧憬。同时，他们的思维发展也有了新的特点，他们的思维开始向着两个方向发展，一个是独立性方向，另一个是批判性方向，正因如此，他们往往善于发现问题，能针对问题进行多样的思考、深入的思考。在情感上，他们则有着丰富的情感，尤其有着饱满的爱国主义情感以及正义感等。

因此，在思想政治教育过程中，教师必须准确把握大学生的身心特点，在此基础上制订教学方案，用科学的教学方法引导他们进行独立的思考，这样，其身心也能向着更加健康的方向发展。

2. 针对大学生的思想实际

从整体上来看，大学生的思想还是比较活跃的，看问题也比较全面，但也有一部分大学生在看待问题时无法看到问题的本质，带有一定的盲目性与片面性。

因此，对于教师来说，其应该深入学生的学习与生活，把握学生最新的思想动态，从学生的思想动态出发，对其进行有针对性的教育，从而使其形成正确的世界观、人生观和价值观。

3. 针对大学生的个性特点

大学生个性是存在显著差异的，因此，针对不同的大学生，教师应该采用不同的方法。具体来说，教师应该多与学生进行交流，了解学生的个性特点，并在准确把握学生个性特点的基础上对其进行思想政治教育。

（四）预防为主原则

预防为主原则，就是在高校思想政治教育中，教师必须把思想政治教育工作做在前头，尽量把各种不正确的思想观念扼杀在萌芽阶段，防止不良行为的发生。

坚持预防为主原则也是实现思想政治教育目的的需要。思想政治教育的目的，是要帮助学生提高思想认识，破除不正确的思想观念，防患于未然。贯彻预防为主原则，可以使高校思想政治教育工作变得更加积极主动。

贯彻预防为主原则，应该重点抓好以下两个环节。

（1）深入全面地了解教育对象，这是贯彻预防为主原则的前提。只有深刻掌握大学生的需要层次、思想道德现状、人格特质，才能做到科学预测，把思想政治工作做到前头。因此，高校思想政治教育工作者要对大学生有全面的了解，特别是了解其思想动态。

（2）深入了解教育对象所处的环境。全面了解和掌握大学生所处的社会环境、学校内部和周边环境、家庭环境，才能准确了解大学生可能产生的动机和行为，才能对其因势利导，把工作做到前头。

（五）系统性原则

思想政治教育是一个系统，是由教育目标、教育对象、教育内容、教育方法、教育评估等子要素系统构成的整体。

人的思想品德和心理素质是在复杂的主客体条件下形成和发展的，如今，人们所处的环境因素更加复杂，因而，综合运用各种教育方法就显得格外重要。当然，作为高校思想政治教育这一大系统的重要组成要素，思想政治教育目标、思想政治教育对象、思想政治教育内容、思想政治教育评估等也能发挥其自身作用，共同促进系统的平稳运转。

（六）主导性原则

高校思想政治教育主导性原则是高校开展思想政治教育工作所要遵循的重要准则。在中国特色社会主义现代化建设中，高校思想政治教育必须与中国共产党的纲领和宗旨相一致，充分体现党的宗旨，坚持党的路线、方针、政策，坚持从当前的社会发展和教育对象实际出发，努力将个人理想、社会共同理想和共产主义远大理想结合起来，充分发挥自身的主导作用，提高教育效果。

二、高校思想政治教育的价值

（一）有利于创新物质环境

物质环境是组成校园文化的物质文化，包括校园内的多元化建筑、教育场所、活动场所、多元化设施等，甚至花草树木与亭台楼阁等多元化景观，也属于物质文化的载体。① 优美的物质环境能为大学生营造良好的学习空间，充满人文气息的校园环境能使置身其中的大学生增强归属感与自豪感。同时，高校

① 李斌. 新时代高校思想政治教育的时代语境 ［J］. 黑龙江教师发展学院学报，2023（1）：19-21.

思想政治教育能激发师生的创新思维与进取精神，使其积极投身于科研与实践活动，推动校园物质设施的更新完善，如先进实验室的建设、智能教学设备的引入等。

（二） 有利于优化文化环境

高校思想政治教育有利于优化文化环境。它通过传播先进思想文化，抵制不良思潮侵袭，培育学生正确的世界观、价值观与人生观。高校思想政治教育能在校园内营造积极向上、健康和谐的文化氛围，进而辐射周边，带动社会文化环境的改善与净化，促进文化的传承与创新发展。

（三） 有利于应对中国社会转型造成的冲击

我国社会主义市场经济体制逐步完善，促进了社会的发展和历史的进步，同时也不可避免地带来了一些负面效应。拜金主义、享乐主义和个人主义滋长；封建迷信活动和黄、赌、毒等丑恶现象沉渣泛起；假冒伪劣、欺诈活动成为社会公害；文化事业受到一些消极因素的严重冲击，危害青少年身心健康的内容屡禁不止……高校思想政治教育能引导大学生树立正确的世界观、人生观、价值观，使其具有高度的政治敏锐性和政治鉴别力，自觉抵制不良思想的侵袭，增强学生心理调适能力，使其从容应对转型带来的压力与困惑，以积极的心态适应社会的变化和发展。可以说，高校思想政治教育是引导学生应对中国社会转型冲击的重要利器。

（四） 有利于大学生的成长成才

高校思想政治教育引导大学生思考大学与人生理想的关系，帮助大学生正确认识自身肩负的责任和使命，促进其成才。大学生有了方向和目标，就有了对自己的明确要求，就能集中时间和精力学习、提高和发展自己。

1. 有利于提高大学生的思想道德素质

在高等教育深化改革、全面推进素质教育的新形势下，加强和改进德育工作，是高校在深化教育改革和探索大学生素质教育中的重大课题。思想政治教育可以使人正确处理德与才的关系，自觉坚持加强思想道德素质修养与学习科学文化知识的统一，把思想道德素质修养与学习科学文化知识结合起来，树立正确的世界观、人生观和价值观，明晰是非善恶的标准，在面对诱惑时坚守道德底线，从而全方位提升思想道德素养。

2. 有利于帮助大学生形成正确的世界观、人生观和价值观

在大学生中进行爱国主义、集体主义、社会主义教育，可以帮助大学生树

立明确的目标，把握正确的方向和道路，树立正确的世界观、人生观和价值观。只有树立了明确的目标，才能为之努力，战胜前进路上的种种困难，最后取得成功。高校思想政治教育通过系统的课程教学、丰富的实践活动，引导大学生理解世界的本质与发展规律，明晰人生的意义与目标，懂得在奉献与拼搏中实现自我价值，从而构形成正确的的世界观、人生观与价值观。

第四节　高校思想政治教育的功能

一、经济功能

在文化多元化背景下，人们的经济利益选择也出现了多元化趋势。当前，我国正处于经济形势转型发展阶段，不同主体之间存在利益冲突。妥善处理多元化社会中错综复杂的利益关系，正确处理不同主体之间的利益冲突和矛盾是当前高校思想政治教育工作的重要内容。为了有效解决社会中存在的矛盾，必须充分发挥思想政治教育的经济功能，通过不同的途径和方式，能够在不同利益主体间提供畅通的利益表达渠道，帮助其正确对待国家、社会和个人之间的利益关系。通过思想政治教育，能够引导大学生通过正当手段获取物质利益，确保其在文化多元化环境中，在复杂的利益网络中，能够协调主体之间的利益关系，维护社会的稳定和可持续发展。

二、保障功能

高校思想政治教育，其最重要的功能之一就是保障师生顺利、高效地完成思政课的教学任务。[①] 它能够使教师更加深刻地掌握这项教学实践活动的本质和规律，从而取得良好的教学效果。人们通过对思想政治教育教学的研究，树立了正确的、科学的范畴体系，并对教学实践活动有了更深层次的认识，有助于揭示研究对象的本质和规律。这些研究与认识能够为高校思想政治教育提供保障，能进一步丰富其理论，指导其实践。

---

① 陆官虎．高校课程思政工作建设研究［M］．长春：吉林大学出版社，2022.

三、意识形态功能

在高校思想政治教育中，意识形态是其主要教育内容，而思想政治教育课堂和活动则是意识形态传输过程中所需的重要载体。思想政治教育的开展能够使学生形成正确的思想意识，让学生深入了解主流意识形态。

四、促进个体发展的功能

高校思想政治教育的个体发展功能表现为思想政治教育对高校学生，在日常生活学习方面所展现的品德进行规范与检验，对促进人的发展有着积极作用。高校思想政治教育的对象是中国未来建设的主要力量，高校思想政治教育促进个体发展的功能包括以下几个方面。

（一）引导政治方向的功能

学生思想必须保证正确性，否则思想政治教育将失去现实意义。也就是说，在高校思想政治教育中，教师需要利用启发、教育等诸多方式使学生的思想与行为保持正确，使学生的思想道德素质水平能够提高。同时，教师还要帮助大学生明确政治方向，使其深刻理解我国政治制度的优越性与发展道路的正确性，坚定政治立场。

（二）激发精神动力的功能

高校思想政治教育的激励手段表现在教师充分利用各种积极手段对学生进行教育与引导，使学生可以不断激发自己的积极性与主动性，积极参与教师组织的各项教学活动，积极参与社会主义现代化建设。对于教师来说，在高校思想政治教育中，其必须从学生的实际需求出发，不断激发学生的积极性，使其既可以获得一定的物质激励，也能获得一定的精神激励。

（三）塑造个体人格的功能

从心理学意义上讲，人格是人的性格、气质等特征的总和；从伦理学意义上讲，人格即人的品格，体现人在一定社会中受教育和自我修养的文明程度。独立性、唯一性、排他性是个体人格的标志特征。高校思想政治教育对学生个体人格的塑造主要体现在以下三个方面。

第一，塑造学生健全的品格。在开放性、竞争性、速变性、复杂性日益增强的当代社会，学生只有不断提高自己的综合素质，具备健全的人格，才能适应不断发展的社会的需要。思想政治教育的重要功能就在于塑造个体健全品格，使学生适应日新月异的社会发展。

第二，培养学生的主体意识。思想政治教育可以更好地引导学生成为社会中的独立个体，拥有独立的主体地位，认识到自己的历史使命和社会责任，增强学生的主体意识。

第三，促进学生的个性发展。高校开展思想政治教育能帮助学生进一步开发其潜在的、与众不同的特质，为学生步入社会增强竞争力。

第五节　高校思想政治教育融合机制探讨

一、高校思想政治教育融合发展的价值

（一）理论价值

新时代背景下，思想政治教育跨学科研究、多学科融合的趋势不断增强，现代发展的理论体系和研究范式不断变化，但其观念、内容、方式等最终都应适应社会和人的发展需要。高校思想政治教育必须立足国际视野、中国实际，紧跟时代潮流。尤其在经济社会快速发展、思想文化多元复杂等社会背景下，在思想政治教育中把握和应对大学生的思想观念、价值取向和心理状态等变化的责任和使命愈加紧迫，融入世界眼光、中国情怀和时代特征的思想政治教育是能体现学科的生命力的。同时，只有进一步与其他学科相融合，其理论研究空间才会进一步拓展。

（二）实践价值

高校思想政治教育融合发展具有多方面的实践价值。在教育内容上，与专业知识、传统文化等相融合，丰富学生的知识体系，开阔学生视野；在教育方式上，线上线下融合，增强了教育的吸引力；在育人主体层面，能够实现全员融合，教师、辅导员、后勤人员等形成合力，全方位引导学生成长。

二、高校思想政治教育的融合表现

（一）传统文化与高校思想政治教育的融合

1. 传统文化与高校思想政治教育融合的必要性

（1）传统文化是高校思想政治教育的动力。中华传统文化发展历史源远流长，对人们的行为习惯、思想方式产生影响。传统文化倡导宽容精神，如"仁者爱人"等思想，在其思想的熏陶影响下，学生对待各类事物的态度会产生改变，能够正确处理人际关系。高校思想政治教育工作实施的目的就是引领学生走出认知误区，提高学生个人修养，在健全学生人格的同时，塑造学生的美好心灵。因此，高校需要将优秀传统文化和高校思想政治教育相融合，应用其所蕴含的教育资源培养优秀的人才。

（2）传统文化是高校思想政治教育的基石。想要实现民族的伟大复兴，优秀传统文化的作用不容忽视。优秀的传统文化具有丰厚的内涵，在实行思想政治教育引导时，可采取多种方式大力传播弘扬优秀传统文化，明确意识形态教育的重要性，使传统文化和思想政治教育深度融合。

2. 传统文化与高校思想政治教育的融合策略

（1）打造传统文化融入高校思想政治教育的多元格局。为更好地实现传统文化与思想政治教育的融合发展，高校要在自身的文化氛围建设中积极开拓，努力形成中国传统文化融入高校思想政治教育的多元格局。

第一，在理论学习的基础上，通过创新活动载体和形式，增强优秀传统文化的吸引力。高校应鼓励学生多成立优秀传统文化兴趣社团，在学生中营造浓厚的育人氛围。此外，还可以利用校园内的宣传板、走廊等宣传传统文化，使学生们在无形中受到传统文化的熏陶。

第二，高校要积极打造优秀传统文化品牌类活动，如"诗词大会""成语大会""汉字听写大会"等，让学生在竞赛活动中感受到传统文化的独特魅力。

第三，要积极发挥新媒体的作用，占据网络阵地。如今的大学生身处网络大背景下，优秀的传统文化能够对学生的思维方式、道德观念等形成比较重要的影响，我们可以充分利用学校微信、微博公众号推送相关传统文化文章，多发布有关传统文化、思政学习的知识，以适合大学生口味的方式传递传统文化知识。

（2）积极培育良好的社会环境。良好社会环境的培育需要全体社会成员的全方位配合，这就要求全体社会成员必须树立继承和发扬中华民族优良传统的意识。我们不仅要保护物质文化遗产，还要保护非物质文化遗产。对于物质文化遗产的保护，要在全社会形成"保护文物，人人有责"的意识，从小事做起，保护文物古迹，不乱扔垃圾，不乱写乱画。对于非物质文化遗产，要形成"传承文化，人人有责"的意识，学习传统工艺，加强对传统民族歌曲、舞蹈的保护，等等。除了把中华优秀传统文化所倡导的爱国主义精神等通过影视作品展现出来之外，社会的相关组织还要积极开展传统民歌竞赛、舞蹈比赛、剪纸大赛等活动，从而使人们深刻感受到中华优秀传统文化的魅力。

总之，要在全社会形成良好的传承中华优秀传统文化的氛围，使大学生能够感受到中华优秀传统文化的良好发展前景和市场价值，以此来激发其学习中华优秀传统文化的积极性。

（3）将传统文化融入高校思想政治教育的教师队伍建设。高校思政课教师是思想政治教育目标的实现者，要将传统文化融入思想政治教育教学活动中。首先，应从教师自身入手，教师要着眼于自身的专业素养，不断提升中国传统文化的理论水平，积极主动去学习优秀传统文化，以自身态度、素养、能力来影响广大学生，让更多的同学们能够从心理上认同我国的优秀传统文化。其次，要加强教师队伍专业培训的针对性。例如，建立传统文化学习小组，邀请不同学科的权威专家针对教师专业疑问进行有方向性的理论讲解，通过开展学术报告、学术讲座、学术论坛等方式对教师进行有针对性的指导，促进相互间的交流。最后，加强教师团队的整体建设，选聘一批具有中华优秀传统文化背景和专业课能力的复合型教师，着力打造既对优秀传统文化真学、真懂，又对思想政治教育真精、真用的师资力量。

（二）心理健康教育与高校思想政治教育的融合

1. 心理健康教育与高校思想政治教育存在互补关系

（1）教育内容与方式的互补。心理健康教育着重塑造学生的心灵、调整学生的心态，这就为思想政治教育打下了基础；而思想品德高尚的人，也更容易达到自我和谐，实现更好的发展。两种教育从内容上可以相互促进、互相影响。心理健康教育注重体验，从个人成长与发展入手，更容易将被动接受转化为主动接受，这就为高校传统思想政治教育提供了新的思路。此外，思想政治教育注重社会实践的教育方式也给心理健康教育以启示。

（2）教育职能的前后相继。心理健康教育解决的是人的心理问题，一个能够实现自我整合的人才能拥有开放积极的心理状态，才能更好地接纳他人、接纳世界。所以，从某种程度上来讲，心理健康教育是思想政治教育的前期准备，而思想政治教育最终能让学生的思想得以升华，道德素质得以提高。两者先后相继，彼此衔接，相互影响。

2. 心理健康教育与高校思想政治教育的融合策略

（1）完善教育工作机制，提供制度规范保障。规范的制度和有序的操作性措施，可以更好地增强大学生思想政治教育标准化和严肃化程度。[①] 为了心理健康教育与高校思想政治教育的有效融合，要完善工作机制及操作规范，各部门分工科学有序，明确教育工作者的具体工作任务与目标，提高工作效率，进而更好地管理和服务学生。

（2）创设积极的心理发展环境。人是社会环境的产物。人的心理品质、道德修养等都是在一定的环境中逐渐形成并固化下来的。心理健康教育和思想政治教育工作的双向开展，也是在特定的环境中进行并发挥作用的。为此，应不断创设全面多样且积极向上、利于大学生心理发展的外部环境。

一方面，完善校园文化环境。例如，在教室中张贴班级口号、班级文明公约等，利用好班级的闲置空间，丰富教学教育载体和工具，营造主题式的心理教育氛围，从而达到以境传情、触动心灵、以情育人的目的。另一方面，营造平等轻松的交往环境。通过设计形式多样的心理实践活动情景，加强大学生间的交往沟通和实践合作，在积极对话中激发其内在情感，促使其树立正确的世界观、人生观和价值观，促进其良好行为习惯的养成，提升其心理品质和精神境界。

（3）探索心理健康教育融入思想政治教育的新形式、新方法。随着互联网技术的发展，传统教学方法已不能适应现代思维灵活、视野开阔、个体意识较强的大学生群体。因此，心理健康教育融入高校思想政治教育要创新教学方法，充分发挥互联网的优势，借助网络平台拓宽新的教学手段。

首先，高校应以课堂教学为主渠道，充分利用网络资源，在课堂教学中合理利用"互联网+"新技术，将有关心理健康教育的文本、影视、图像和视频等融入教学过程，改进和优化教学内容，让学生更好地吸收教学内容。例如，借助网络搭建有关心理健康教育微课、MOOC、翻转课堂等在线课程，使课程教学形象化、生动化和情境化，提高学生参与的积极性。

其次，高校应拓宽学生心理咨询的渠道，借助网络的虚拟性调动学生自我表达的主动性，帮助学生了解心理健康教育的具体内涵，更有针对性地解决其

---

① 刘佳璇. 心理健康教育与高校思想政治教育融合：现实困境与对策探索 [J]. 智库时代，2020 (22)：127-128.

出现的心理问题。

最后，高校应鼓励教师和学生相互组队举办思想政治教育与心理健康教育相结合的情境活动，丰富的情境活动既能促进师生之间的沟通交流，又能在潜移默化中提升学生自身的心理健康素质，更好地促进二者在内容上的相互渗透、相互联系。

第二章　高校网络思想政治教育

高校网络思想政治教育在面临新的发展空间的同时，也面临着诸多挑战。在网络时代，高校思想政治教育必须主动掌握网络空间这一教育场域，以更好地应对新的传播格局。充分利用"互联网+"这一载体，实现思想政治教育效果的最大化，尚需进一步的探索。

第一节　高校网络思想政治教育概述

一、高校网络思想政治教育的定义与本质

（一）高校网络思想政治教育的定义

高校网络思想政治教育，在我国各级各类高等院校思想政治教育机构的具体体现，是将先进的思想观念、政治观点、道德规范传播给大学生，根据现代传播学原理，充分利用计算机互联网、多媒体技术和现代传播技术等手段，有目的、有计划、有组织地对大学生施以影响，使他们形成符合我国社会所需要的思想品德的社会实践活动。

（二）高校网络思想政治教育的本质

高校网络思想政治教育本质上是以网络为载体与阵地，传播主流意识形态与先进文化的育人实践。它借助网络的交互性、开放性与便捷性，突破时空局限，深入学生的网络生活空间；重视引导大学生形成正确的世界观、人生观、价值观，提升其政治素养与道德品质；利用线上线下融合手段，以契合网络时代特点的方式，将思政教育内容潜移默化地融入学生的网络学习、社交、娱乐

等活动中，从而塑造学生健康的网络人格。

二、高校网络思想政治教育的特点与规律

（一）高校网络思想政治教育的特点

1. 政治方向性

网络思想政治教育是进入网络时代后逐渐产生、发展的，是思想政治教育在网络时代存在的新形式，同时保留了传统的思想政治教育的责任。将视野放在纵向时代变迁中，网络思想政治教育正面临新的技术挑战；将视野扩大至整个世界的政治格局，网络意识形态已成为维护国家安全的重要战略性课题。因此，高校网络思想政治教育已逐渐成为高校思想政治教育的重要阵地。

2. 个体互动性

网络是信息时代重要的交流与互动工具，在网络交流中，每个个体都是平等与自由的。[①] 这样的个体互动性特征运用到高校思想教育中，打破了原有的单向灌输和说教。思想政治教育教师可以根据学生的需要与兴趣对其进行启发和指导，使其接受和形成正确的政治观念。同时，思想政治资源在网络上的传播与共享可以拓展学生的思维，使学生对一些问题有独立的思考，并通过网络与他人进行积极探索与辩论，主动发掘和理解问题。

网络平等自由的对话方式使得学生的个体性特征逐渐增强，但网络思想政治教育工作的关键在于思想政治教育教师，因此网络思想政治教育队伍建设需进一步提升。首先，思想政治教育教师在提高自身理论修养与实践经验的同时，学习网络知识与技术，熟练进行网络操作，积极搜索网络信息，掌握社会动态，将传统的思想政治教育方式与新型的网络交流方式相结合，真正做到交流平等，使学生愿意与教师交流与探讨；其次，转变教育思维方式，改变说教者的身份，与学生进行感情交流、思想沟通，在把握学生情感和心理状态的基础之上，将正确的观念传输给学生，为其解疑释惑。

3. 开放性

网络打破了时空界限，人们可以在网上搜索各种信息，再按照自己的方式解读。网络思想政治教育可充分利用网络的互通性和关联性特点，以计算机处理系统为中心，给学生提供不同类型的信息服务，使学生在海量信息中找到想要的信息。

---

① 束佳. 高校网络思想政治教育现状探究［J］. 长春工程学院学报（社会科学版），2013（3）：133-135.

4. 即时性

当下，我们仍然能够看到网络信息良莠不齐，网络环境中即时性、突发性事件层出不穷，这些都让思想政治教育工作者防不胜防。[①] 在此情境下，如何针对大学生的即时性发声和思想动态予以正确、有效的引导，已成为当前网络思想政治教育的重点。在信息传播方面，高校应借助网络媒体将国内外的时政要闻、社会热点事件、先进人物事迹等思政教育素材传递给广大学生，让他们第一时间获取资讯。另外，高校可利用网络直播等手段开展思想政治教育活动，学生可以实时参与，这种即时性极大地提升了思想政治教育的时效性与吸引力。

5. 多样性

基于网络虚拟性和现实性相结合的特点，开展网络思想政治教育的方式和方法也必须据此进行调整，可针对不同教育场景和教育对象适时调整教学策略，实现方法的多样性。例如，针对热点事件和学生关注度较高的新闻事件，可以采用集体讲座或者座谈等传统教育方式，集中强化学生的理想信念，提升学生明辨是非的能力。

（二）高校网络思想政治教育的规律

1. 主导和多元相统一

在互联网等多媒体技术成熟发展的条件下，高校网络思想政治教育在价值目标与取向、教育内容、要求及方法等方面的多样性特征日趋明显，这极大地丰富了大学生思想政治教育的主导性内容。但这些多样性的发展离不开教育主体主导性的支配和制约，否则，在思想政治教育中就无法把握其中心内容和基本准则。与此同时，大学生思想政治教育在网络空间中面临的诸多矛盾以及一些消极、负面的内容也日益突显，许多信息、内容需要选择，但在这些情况下，思想政治教育仍要坚持社会主义意识形态的主导性，合理选择正确的内容开展教育，不能陷于错误中而丧失主导性。

而在互联网环境中，网络传播主体具有多元化特点，在一定程度上削弱了高校网络思想政治教育工作者的权威优势和主导作用。在复杂的网络环境中，大学生易受到干扰。因此，需要高校网络思想政治教育工作者有较好的信息检索和运用素养。

随着信息技术的发展，在网络思想政治教育中，国界、地域的限制越来越

---

① 苏扬. 新时代高校网络思想政治教育探赜 [J]. 中国轻工教育，2022 (4)：9-15.

小，在世界交往日益密切的背景下，思想认知领域的斗争也在不断加剧。① 因此，高校思想政治教育的主导性容易被弱化，阻碍大学生接受正确的引导。

高校网络思想政治教育主导与多元相统一的规律要求高校在网络思想政治教育过程中，坚守主导地位，积极整合多元资源，引导多元思想文化朝着有利于学生成长成才、有利于社会和谐稳定的方向发展。

2. 虚拟和现实相统一

在网络思想政治教育方法的运用中，从行动主体、内容和方式上来讲，要讲求虚拟与现实相统一的规律。网络作为现代信息媒介必然促进思想政治教育方法的发展，现实与虚拟的相互联动、相互演变，不断丰富着网络思想政治教育的内容与形态。

从时空上看，网络极大地消除了时间与空间的区别与界限，使教育处于无处不在的状态。从性质上看，互联网已成为一种高度社会化的媒介，社会问题网络化、网络问题社会化已逐步成为社会发展的一个显著特征。从功能上看，网络环境的复杂性、多变性，客观要求高校网络思想政治教育的多样化、立体化。网络环境对大学生思想政治教育具有十分重要的影响，同一问题的解决需要多项措施并举、相互衔接，这样才能促进高校网络思想政治教育的创新发展。

3. 主体间互动规律

作为教育活动中的教育者与受教育者，二者如何沟通、互动，影响着教育活动的进行，也在一定程度上决定着教育目的的实现，而二者的关系问题又影响着互动的形式和效果。在教育过程中，如何协调教育者与受教育者之间的关系，实现二者的高效互动，一直以来都是值得探讨的问题。

网络思想政治教育的成效主要取决于主体间交往互动的广度与深度。教育者和受教育者是思想政治教育过程中的两个主体，两者的相互影响、相互作用构成整个思想政治教育的全过程。

笔者认为，可以从以下三个层面来对教育者与受教育者双向互动规律进行解读：第一，它是教育者积极施加教育影响的过程，即教育者以社会要求为依据，能动地认识和改造受教育者思想品德的过程；第二，它是受教育者主动、辩证地接受教育影响的过程；第三，它始终伴随着受教育者自身的思想道德水平的矛盾运动，是受教育者在教育者的教诲下进行自我教育、认识并改造自我思想的过程。在思想政治教育过程中，教育者的主导与控制作用与受教育者的主体与自觉作用是相辅相成、辩证统一的。

① 赵丽云，黄雅雯. 浅析新时代高校网络思想政治教育的发展策略 [J]. 区域治理，2022 (31)：214-217.

在传统的思想政治教育中，教育者表现出很强的主体性、主导性和主动性，而受教育者则表现出很强的被动性。在高校网络思想政治教育中，打破了教育主体与客体之间明显的依附关系和被动格局，二者之间的角色进一步模糊甚至不断发生转换和更替。一方面，受教育者已经不再只是被动的跟随者、盲从者，同时也是参与者、见证者甚至主导者。另一方面，高校网络思想政治教育过程呈现出明显的双主体或者多主体趋势，尤其在一些热点事件、突发事件中，表现得十分明显。因此，高校网络思想政治教育方法要共同发挥主体与客体的作用，更加讲求可选择性、非被动性、非强迫性，使其更加具有平等性和亲和力。

三、高校网络思想政治教育方法

（一）高校网络思想政治教育方法的定义

高校网络思想政治教育方法是建立在网络平台基础上，为了开展网络思想政治教育、完成网络思想政治教育的目的和任务而采用的各种途径、手段和方式的总和。

（二）高校网络思想政治教育方法的特点

1. 时效性

与传统媒体不同，网络能让人们在第一时间获取各方面的最新消息。因此，高校在开展网络思想政治教育工作时选择的教育方法也应该具有实效性特征。一方面，能够迅速捕捉网络热点话题，如重大社会事件、新兴科技成果、流行文化现象等，并及时将其融入思想政治教育素材中。另一方面，借助微信、微博等网络平台的即时通信功能，第一时间将思想政治教育信息传递给学生，确保学生能接收到正确的引导和解读。此外，大学生获取教育内容的渠道也不再仅仅通过课堂，在网络时代下，大学生甚至拥有比教师更多的获取各类信息的渠道。因此，教师在选择网络思想政治教育方法时，既要能保证自己作为教学主体的主导地位，又要能积极激发大学生的主观能动性，做到教学相长，同向同行。①

2. 创新性

借助网络获取自身感兴趣的事态信息已成为大学生常用的获取信息手段，在这种常态化趋势下，要想使网络思想政治教育更生动、更高效、更具吸引

---

① 周璇．新时代高校网络思想政治教育方法创新研究［J］．成才，2023（1）：49-50．

力，有赖于思想政治教育方法的不断创新。创新是推动网络思想政治教育方法向积极方向发展的内在动力，每项新技术的出现都在为思想政治教育方法的创新提供新的支撑与可能。因此，高校应突破传统课堂讲授的单一模式，采用虚拟现实技术打造沉浸式思想政治教育体验场景，同时还可以开展线上线下相融合的互动式活动，真正展现网络思想政治教育形式的创新性。

第二节 高校网络思想政治教育开展的必要性

一、互联网对大学生的影响

（一）互联网对大学生的积极影响

互联网使大学生具有更新和学习知识的能力。互联网不仅能让大学生更加了解课堂上所学的知识理论，而且还能给大学生带来书本上学不到的知识。大部分学校的图书馆网站也会共享网络资源，使学生能够更方便地获得资料和信息，从而使他们的知识结构从单一化走多元化。

在当今开放的信息时代，越来越多的学生进入大学，使社会对人才的期待越来越高，这无疑增加了学生的心理压力。互联网开放和公平的性质为他们提供了一个减轻其心理压力的平台。

（二）互联网对大学生的消极影响

尽管互联网资源非常丰富，但是虚假信息、文化垃圾等也很普遍，大学生的世界观、人生观和价值观尚未成熟，他们明辨是非的能力不足，很容易被这些信息入侵，甚至导致其道德素质下降，对社会产生负面影响。

二、开展高校网络思想政治教育有其现实性

（一）建设社会主义和谐社会的需要

大学生是我国建设社会主义、实现中华民族伟大复兴历史重任的主力，他们的素质特别是思想政治素质高低直接关系到国家和民族的发展，在一定程度上关系到中国特色社会主义事业的兴衰成败。因此，利用网络开展思想政治教育，提升高校网络思想政治教育水平，对我国和谐社会的建设至关重要。社会

主义和谐社会强调社会关系的协调稳定、多元文化的包容共生、全体公民思想道德素质的提升。高校作为培养未来社会建设者和接班人的重要阵地，其网络思想政治教育要契合社会发展的需求。

（二）高校思想政治教育发展的需要

在高校开展思想政治教育，首先要做到及时掌握大学生的思想动态，面对面沟通、问卷调查以及重点监督等措施大大增加了思想政治教育开展的难度，网络的出现正好解决了这一难题。大学生普遍喜欢在网络上表达自己的看法和观点，特别是对一些重大的热点事件，大学生会积极参与讨论交流，畅所欲言地表达自己的想法，这些都有助于高校思想政治工作者了解大学生的思想动态，也有利于丰富和扩展思想政治教育的内容，提高思想政治教育的针对性。利用网络开展思想政治教育，可以有效挖掘大量教育资源，促进高校思想政治教育不断贴近学生，是高校思想政治教育自我发展的需要。

（三）大学生全面发展的需要

网络已经成为大学生日常学习、生活中不可或缺的要素。网络的出现给大学生提供了一个生动、高效的空间，满足了大学生自主学习和获取知识的需求。从综合能力方面来看，在接受网络思想政治教育的过程中，大学生能提升自身的信息辨别运用能力、网络人际交往技巧，同时还可以强化自我管理，在虚拟与现实间找到平衡，从而在思想、知识、能力等方面多维度成长。因此，将思想政治教育以大学生喜爱的网络形式呈现，有助于大学生接受，能够有效提升大学生的全面发展。

第三节 高校网络思想政治教育的优势与不足

一、高校网络思想政治教育的优势

（一）研究层面的优势

1. 拓宽了网络思想政治教育研究思路

在媒体深度融合的背景下，广泛借鉴教育、管理、新闻传播等多学科的研究理论，能够打破学科间的固有界限。而充分利用多学科融合的优势，能够实现研究资源的整合，推动跨学科研究的发展，不断拓宽网络思想政治教育的研究思路和视角。

2. 丰富了网络思想政治教育研究方法

传统的思想政治教育方法较为单一，主要依赖课堂讲授、谈话和讲座等形式。然而，随着网络技术的发展，网络思想政治教育的研究方法得到了极大丰富。例如，教师可以利用网络资源优化法，通过网络平台与教育对象沟通，实现思想政治教育的目的；可以利用交互法开展研究，它允许教师与学生在网络上实现平等互动，使思想政治教育更加生动和有效。这些新的研究方法不仅提高了效率，而且还提升了教育的针对性和实效性。

3. 创新了网络思想政治教育研究模式

思想政治教育研究绝不是单方面的客体研究，而是要对所有主体的全过程、全方面进行立体化全方位的研究。[①] 从深入探索网络思想政治教育的队伍建设、内容形式到大学生的用网行为喜好，再到进一步分析新闻传播效果，网络思想政治教育采取的大多是学生喜闻乐见的呈现手段与接受形式。教师可借助网络平台，运用大数据分析、人工智能等先进技术，精准把握教育对象的思想动态，从而制定更具针对性的教育方案。这种创新的研究模式仅提升了教育的互动性，增强了教育的吸引力，而且使思想政治教育更加贴近学生实际。

（二）实践层面的优势

1. 能更好地占领网络意识形态领域

信息化作为互联网发展的重要表现，改变的不仅仅是人们沟通方式，同时也促进了我国网络意识形态的多样化。[②] 高校是培养高素质人才的重要阵地，利用网络思想政治教育，能够积极引导网络舆论，传播正能量，有效抵御不良信息的侵蚀。同时，借助网络平台，高校可以加强与大学生的沟通互动，及时了解他们的思想动态，为他们提供正确的价值导向。这有利于维护网络意识形态的安全稳定，也有利于学生的健康成长。

2. 优化了高校思想政治教育环境，提升了大学生对主流价值文化的认同

在思想政治教育工作的开展中，不仅要加强校园的思想政治文化氛围，还要加强学风和校风的建设，除了以积极健康的思想政治文化活动来熏陶学生外，还要加强高校网络思想政治文化的建设，分析网络思想政治教育的热点问

---

① 薄建柱，赵梦园 . 新时代高校网络思想政治教育创新研究［J］. 华北理工大学学报（社会科学版），2023（3）：36-40.

② 马跃，刘建涛 . 新时代党对网络意识形态的领导［J］. 区域治理，2023（20）：67-69.

题，运用网络激发学生的主观能动性，提升学生对思想政治教育学习的积极性，逐步优化高校思想政治教育环境，为学生创造良好的思想政治教育氛围。

3. 丰富了思想政治教育的内容

在传统的思想政治教育工作中，教师主要依据教材开展教学活动，这就限制了教师的教学视野。为了提升思想政治教育的质量，实现学生的综合发展，教师需要具有更加开放的思维，需要运用网络来变革思想政治教育。网络不仅能给思想政治教育带来发展机遇，而且还以其海量资源优势为思想政治教育提供了许多高质量的教学材料，使思政课的教学获得了保障。教师可以根据思想政治教育工作的实际需要，在互联网上选择合适的资源，这些资源不仅是书本知识的有效补充，而且还能使整个思想政治教育工作得以创新。此外，在互联网的支持下，某个地方的优质资源就可以被传播到其他地方，实现了优质教育资源在更大范围内的共享。

4. 创新了思想政治教育的形式

随着互联网技术的快速发展，思想政治教育的传统边界也逐渐被互联网丰富的内容、多样的形式、快速的传播以及便捷的互动所打破，并对当代大学生产生了深远的影响。

过去，教师在开展教学活动中总是将课堂教学作为主要的教学载体，对学生进行知识灌输，这不仅影响了学生的学习质量，而且在一定程度上影响了学生的认知兴趣。但是，在网络技术不断发展的今天，思想政治教育之前的单一形式已被改变，通过网络信息技术，大量的教育资源能够实现大范围的传播，而且还能实现不同形式的共享。同时，学生的自主性也得到了激发与提高，学生可以根据自己的兴趣在网络上搜索自己想要资料，获取更多的学习资源，进而提升其学习质量。同时，在网络技术的支持下，教师可以将一些先进的教学形式，如微课、慕课等形式引入思想政治课堂中，这些教学形式相比传统的教育形式更加生动，能激发学生的学习兴趣，进而可以使其更加主动地参与思想政治教育活动。

5. 使教育资源共享化

学生获取信息的渠道不再局限于传统的教学方式，因此应借助网络技术提高学生对思想政治教育的学习兴趣，努力提升思想政治教育的实效性。网络思想政治教育影响力大、受众面广等特点能够使优质的思想政治教育资源最大化地发挥作用，通过网络思想政治教育，利用资源共享、微课堂、在线教育等手段提升思想政治教育工作的效率，扩大在学生中的影响力。

二、高校网络思想政治教育的不足

（一）对高校网络思想政治教育内涵、功能认识不够全面

高校网络思想政治教育是在传统思想政治教育基础上的模式变革、手段创新，是应对时代快速发展变化的必然趋势。① 然而，当前部分高校对高校网络思想政治教育内涵及功能的认识存在短板，将其视为传统思想政治教育的网络化模式，未深刻理解其内涵，忽视了其在拓展教育空间、增强互动性、精准个性化推送等方面的独特功能，这也反映出其对网络思想政治教育认知的匮乏，无法真正认识它的功能和价值。

（二）高校网络思想政治教育平台作用不明显

高校网络思想政治教育的任务就是对高校大学生的思想、价值观等进行正确的引导。② 然而，有些高校的网络思想政治教育平台只有政策上的要求，并没有全身心地对学生开展网络思想政治教育，对高校网络思想政治教育时代性的转变没有与时俱进的认识和理解，导致部分高校网络思想政治教育平台只是"空壳"，没有实质性的作用，无法起到真正教育、引导学生思想政治观念的作用。而且，有些高校思想政治教育平台的相关内容比较滞后、片面，与国家当前的形势和国际环境没有紧密结合在一起，出现了教育脱节的现象，这些问题导致了高校思想政治教育的质量较差、水平较低，对学生的思想政治教育效果也就相对低下。

（三）高校网络思想政治教育队伍水平整体不高

高校网络思想政治教育突出的问题之一是未能建立一支具备优良网络素质、技术过硬，有影响力的教育队伍。③ 思想政治教育的形式虽然有所变化，但教育主体仍是思政课教师，思政课教师的水平在很大程度上决定了思想政治教育的效果。然而，部分高校思政课教师在关于网络思想政治教育中的理论设计与具体的实践操作中还存在错位情况。例如，在面对网络舆情或流行观点时，教育者应了解大学生的心理状态，积极引导大学生采取理性客观的态度。

---

① 崔钊，李晔晔．高校网络思想政治教育的功能及实现路径［J］．学校党建与思想教育，2022（20）：62-64．

② 葛崇勋．高校网络思想政治教育现存问题及解决途径研究［J］．现代职业教育，2020（45）：6-7．

③ 马凤燕，李浩．全媒体助力高校网络思想政治教育：价值、困境及其破解［J］．陕西青年职业学院学报，2022（3）：26-31．

但在实际执行过程中，有些教师会采取直接干预的方式。高校网络思想政治教育发展日新月异，需要有一支懂互联网思维、精通实践的教学队伍。但是，由于部分高校教师面临着大量课程任务、科研以及日常管理工作的压力，这就导致其对网络思想政治教育的科学管理和教学没有充沛的精力，也导致了网络思想政治教育队伍的水平整体不高。虽然近年来各高校对思想政治教育的重视程度不断上升，但是在网络教学方面仍具有教学岗位上的随机性，网络思想政治教育工作者队伍建设问题颇多，显然，这不利于充分发挥网络在高校思想政治教育中的作用。

（四）高校网络思想政治教育的内容和形式单一

现阶段，高校网络思想政治教育主要是以主题网站和公众号建设等方式呈现，内容不新颖、形式较为单一，导致实际的思想政治教育脱离现实实践，缺乏基本的吸引力和感召力。具体来说，当前的高校网络思想政治教育多以文件学习、事迹宣传、重要会议精神传达等方式为主，导致思想政治教育的教育主体和教育主导者缺乏动态互动。

（五）高校网络思想政治教育平台管理、运行不当

1. 平台内容针对性不足

在信息化社会中，各种信息更替速度快，种类繁多。高校网络思想政治教育平台缺乏必要的专业人员，导致教师无法及时有效地对各类信息进行考察和筛选。网络思想政治教育平台的内容与高校大学生之间没有紧密结合在一起，使当代高校大学生对思想政治教育平台没有更好地认识、了解和关注。此外，平台未能充分考量不同专业、年级、兴趣背景学生的多样化需求，千篇一律地推送信息，这些都是平台内容针对性不足的表现。

2. 平台形式单一

高校网络思想政治教育平台形式单一的问题较为突出。许多平台主要依赖文字推送与传统视频播放，缺乏创新元素与互动设计，未充分利用直播、VR、AR 等新兴技术打造沉浸式体验，缺少线上线下相结合的多元活动形式。这种单一形式难以适应学生多元的学习风格与兴趣偏好，限制了网络思想政治教育的影响力。

3. 平台运行管理困难

高校网络思想政治教育平台大多是大学生负责运营管理，缺乏相关的专业人员指导，人员流动性较大，使网络教育平台的管理和运行容易出现问题——管理不到位、管理效率低，以至于平台推发的内容质量较差。

第四节　高校网络思想政治教育的功能与发展趋向

一、高校网络思想政治教育的功能

（一）宣传引领功能

做好高校思想政治教育工作，就要充分发挥高校网络思想政治教育的宣传引领功能，顺应时代的发展，宣扬主流意识形态。高校思想政治教育者以网络为载体，对大学生进行主流意识形态教育，引导他们树立正确的世界观、人生观和价值观，明确自己的奋斗目标，将其培养成有理想、有担当、有纪律的社会主义合格建设者和接班人。高校网络思想政治教育还能通过展示校园先进事迹与文化成果，凝聚校园精神力量，塑造优良学风校风等，在网络舆论场中积极发声，引导学生正确看待热点事件，抵制不良思潮。

（二）意识形态引导功能

高校网络思想政治教育与意识形态本身就是密不可分的，二者具有同质性。

一是意识形态与高校网络思想政治教育二者之间的关系为内容和形式的关系。意识形态是该教育活动中的重要内容模块，而意识形态则是通过高校思想政治教育活动作为其重要的形式和载体。二是意识形态与高校网络思想政治教育之间存在目的与手段的关系，即意识形态传播的实现需要借助一定的手段，思想政治教育的核心目标则是进行主流意识形态的宣传，高校网络思想政治教育恰恰可以成为意识形态的传播手段和方式。

（三）教育引导功能

高校网络思想政治教育的教育引导功能主要体现在以下两点：一是教师可以将传统的课堂教学内容通过互联网进行传授，以互联网的形式进行信息转换，这就使学生更容易接受。教师可以在网上对学生提出的问题进行解答，使教育得到全过程、全要素的体现，以达到教书育人的目的。二是高校网络思想政治教育可以将学生的"学"与教师的"教"结合在一起。通过网上交流，教师与学生可以加强互动，思想政治教育也能取得良好的效果。

（四）文化育人功能

高校网络思想政治教育的文化育人功能主要体现在以下两个方面。

一方面，高校网络思想政治教育具有文化选择功能。作为一个集组织性、计划性、目的性于一身的实践活动，高校网络思想政治教育既要面对形形色色的社会文化，又要维护主流文化的主导和核心地位，最终引领各种本土文化、外来文化和主流文化形成有序共存、和谐发展的态势。

另一方面，高校网络思想政治教育具有文化整合功能。在马克思主义的理论语境下，高校网络思想政治教育能够以此为标准对其他形态各异、性质各异的社会文化进行强势整合，使主流社会文化成为个体公共生活及行为实践的核心价值规范。

二、高校网络思想政治教育的发展趋向

（一）以移动式教学深化网络思想政治教育的手段

随着社会的进步，互联网技术及信息技术的飞速发展，智能手机、平板电脑等已成为人们不可或缺的使用工具，已经成为学生学习的重要工具。尤其是各种移动 App 的大量涌现，应用于人们生活的方方面面，教育行业也不例外。

移动式教学是指在能够移动的学习场地或者借助移动的教学工具展开的教育活动。[①] 移动式教学依赖的媒介主要是无线移动网络、多媒体技术与国际互联网，是师生同时运用移动设备并借助移动服务器实现的交互式教育活动。并且，移动式教学符合高校网络思想政治教育的特征，可突破时间与地理空间的限制展开教学。

高校可借助手机应用小程序等，将思想政治教育内容碎片化、精准化推送，让学生能随时随地开展学习。例如，开发思政学习类 APP，设置微课程、即时讨论区、学习打卡等功能，增强学习的互动性与趣味性。

（二）以碎片化教育改变网络思想政治教育的形式

随着现代生活节奏的不断加快，碎片化学习已经成为现代人提升能力、拓宽视野的主要方式之一。对于个体而言，这种学习方式具有明确的目标性，而

---

① 陈磊. 高校网络思想政治教育的未来转向 [J]. 吉林省教育学院学报，2020（3）：57-60.

且学习时间短，能够迅速补充知识断层，提高个人能力，开阔职业视野。那么，为了方便碎片化学习的进行，提高学习效率，就需要开展高质量的碎片化教育。

碎片化教育借助短视频、微博短文等形式，将思想政治教育内容拆解为精炼片段。这契合了大学生随时随地获取信息的习惯，大学生甚至可以利用课间或休息时间学习一些思政小知识。碎片化教育能够迅速抓住学生注意力，以简洁明快的方式传递核心价值。同时，碎片化教育还可以通过系列化组合知识，构建完整的思政知识体系，使网络思政教育在形式上更灵活高效。

（三）开展自主性学习，以契合学生线上学习的特征

当今大学生喜欢借助多样性自我探索与社会实践的方式提高个体对于外界的认知。而网络思想政治教学恰恰契合当今大学生的学习特征，由于不受时空约束，它不仅可满足各个层次学生的学习需求，还可助力其建设优质的学习和认知环境。在互联网教育环境下，网络思想政治教学内容更新快速，教育模式多元化，有助于学生突破时空束缚展开学习，还可帮助学生逐渐调整学习理念，增强网络思想政治教育的地位。

第五节 高校网络思想政治教育路径创新

一、高校网络思想政治教育路径创新的必要性分析

（一）满足大学生思想发展的需要

大学生是中国特色社会主义现代化建设的重要力量。高校网络思想政治教育的目标就是要落实立德树人的根本任务，解决好"培养什么人、如何培养人、为谁培养的人"的问题。

要做好高校网络思想政治教育工作，使大学生肩负起民族使命和时代责任，就要熟悉和掌握大学生的思想形成与发展规律。现代科学技术飞速发展，社会的政治、经济、文化等各方面都发生了重大变化，处在这个时代洪流中的大学生，他们的思想观念、道德标准也相应地发生了变化，这就要求高校思想政治教育工作者不断精进教育理念，积极应对这种变化，从大学生的思想实际

与发展要求出发，主动建构网络思想政治教育格局，创新网络思想政治教育的方式和方法，全面提升高校网络思想政治工作的有效性和针对性。

（二）应对时代挑战的需要

随着信息技术的飞速发展，网络已深度融入大学生的学习生活，成为其获取信息、交流互动的重要渠道。一方面，网络信息的海量性与复杂性并存，各种思潮、价值观相互碰撞，极易对大学生的思想认知造成干扰与误导。另一方面，新兴网络技术不断涌现，改变着大学生的学习与社交模式。高校网络思想政治教育工作者必须提升自身运用互联网、驾驭互联网的能力，将社会主义核心价值观贯穿整个思想政治教育全过程，持续深化创新各种思政要素，真正使学生在心灵深处产生认同感，在民族复兴的道路上，用臂膀扛起时代的责任，用智慧挑起民族的脊梁，用青春担起世界的未来。

二、高校网络思想政治教育路径创新研究

（一）理论引领，营造网络思想政治教育环境

在推动网络思想政治教育环境营造的同时，关键要在坚持党的领导下推动新媒体矩阵建设，并把网络舆情研判工作放到学校思想工作的重要位置上来。

一要通过新媒体矩阵营造网络思想政治教育环境。网络思想政治教育建设不能局限在某些部门或某些思政教师上，而应该由学校全体师生共同参与实施，互相联动，师生各司其职，确保各项工作落实到位。

二要坚决维护主流意识形态，坚持正能量的主旋律，牢牢把握网络话语权。高校应构建完善的网络思想政治教育体系，整合优质课程资源、校园文化活动资源等，并将主流意识形态巧妙融入，以生动且富有吸引力的方式传递给广大学生；积极培养一批政治素质过硬、网络素养高的思想政治教育工作者与学生骨干，使其能够在网络舆论场中及时发声，有理有据地回应各种错误思想与不实言论，主动设置积极的网络议题，引导广大学生参与讨论，从而在多元复杂的网络环境中牢牢把握网络话语权，确保网络思想政治教育沿着正确的方向发展。

三要科学认识网络传播规律。网络传播具有即时性、互动性、开放性与裂变式扩散等特性。思想政治教育工作者要精准把握这些规律，在第一时间发布权威信息，解答学生困惑，抢占思想引导先机；借助互动性搭建多元交流平台，鼓励学生积极参与讨论，形成思想碰撞与情感共鸣；同时，凭借网络的开

放性积极拓展思想政治教育资源，引入丰富鲜活案例；依据网络裂变式扩散的特点，打造优质思政内容，使其广泛传播，高效地将思想政治理念渗入学生的网络学习与生活，提升网络思想政治教育的实效性。

（二）革新教育观念

首先，学校管理层要形成网络管理观念。一是要做好学校网络思想政治教育的顶层设计，定期分析研究当前信息化发展的形势，在学校网络思想政治教育和网络安全等工作上形成专项制度文件，并将相关工作成效列入学校年度绩效考核指标体系中。二是要整合和拓展学校网络思想政治教育队伍，包括管理人员、教师、辅导员、学生干部等，积极打造"学校—学院（部门）—学生"三级一体的新媒体传播体系，并在尊重个性和特色的基础上，鼓励各学院（部门）及师生使用新媒体平台，讲好师生好事、学校故事、中国故事。三是要做好校内各级新媒体平台的实时审核与监管，将新媒体运用能力培训纳入教师业务能力提升和学生综合素养提升的"规定动作"中。

其次，教师要活用新媒体，不断创新网络内容建设理念，在学校营造优秀新媒体作品创作的良好生态环境。这就要求教师除了要形成信息化意识和善用网络外，还要能够使用深受大学生欢迎的新媒体工具和平台开展网络思想政治教育，并主动学习文案撰写、图片处理、短视频摄制等新媒体技术。

（三）优化网络思想政治教育的育人内容

1. 讲好中国故事

紧跟时代发展，加强宣传形式和网络育人工作机制的推陈出新。深入研究、了解、掌握网络传播规律，加强对网络空间的管理，营造文明的网络环境，创作出更多积极向上、内容精良的网络文化作品。同时，加强对师生思想品德素养、世界观、人生观、价值观的影响，大力开展党史学习教育等，切实讲好中国故事。

2. 讲好品牌故事

新时代媒体的深度融合已成为主流，思想政治工作的传统优势要及时挖掘，并与现代媒体进行强强联合，取长补短，发挥最大优势。同时，增强协同发展能力，切实提升高校网络思想政治教育的针对性和应用性。通过开发彰显学校特色、凸显校园元素的网络主题活动和节目，打造品牌效应，形成品牌特色，讲好品牌故事。高校可以整合校内资源，对大学生网络思想政治培育建设项目予以支持，每年支持一批网络思想政治教育工作项目，打造质量上乘、特色鲜明、形式新颖、与时俱进的内容，研发网络思想政治教育精品课、示范课，着力提升网络思想政治教育的深度、广度、力度、温度。

（四）加强网络育人载体的硬件设施建设

随着信息化技术的持续发展，高校在网络育人载体的硬件设施建设上要主动推进智媒体战略，主要体现在以下四个方面。

一是大数据战略。通过对学校新媒体矩阵中的学生浏览、学习、发布、点赞、评论等数值进行大数据采集、分析和运算，分析不同学生群体的个性特征和价值取向，对实现资源优化配置和提升网络思想政治教育成效具有重要意义。

二是人工智能战略。通过人工智能的算法，实现国内外、区域、行业形态及学生"第一课堂""第二课堂"等全数据的整合和分析，为优化学校人才培养方案、建立科学的育人内容供给和精准的个性化教育体系提供依据，从而实现因材施教。

三是虚拟现实技术战略。当前，借助 VR 和 AR 技术建设虚拟思政实训室已成为高校推动信息化建设的共识。在建设虚拟思政实训室时，要抓住社会热点，紧贴校园文化，探索建立系统性的沉浸式叙事和游戏模式，打破学生对思想政治教育的刻板印象，不断提高虚拟现实技术与网络思想政治教育的耦合。

四是基于物联网的数据库建设战略。打造网络思想政治教育数据库和素材库等，打通学校教学管理、学生管理和后勤服务管理等各环节间的壁垒，逐步完善数据积累，为网络育人标准体系的建设提供数据参照。

第三章　高校思想政治教育网络化模式

随着互联网技术的不断升级以及自媒体与传统媒体之间的互补，网络日益成为新形势下思想政治工作的主渠道和前沿阵地。对高校而言，网络化既给传统的"课堂式"思想政治教育模式带来前所未有的冲击和挑战，又为新时期的思想政治教育提供了改革和创新的契机。

第一节　高校思想政治教育模式变革原因及网络化模式构建思路

一、高校思想政治教育模式变革原因

（一）适应新时代的发展

大学生作为互联网的重要参与者，他们在学习方式、阅读方式、思维空间、交流与生活方式上都与过去发生了很大的变化。因此，当前的教育需要建立在数字化时代的思维上。在这样的环境下，构建符合大学生个性化需求的智能化思想政治教育模式已成为新时期高校思想政治教育的发展方向。

（二）全球化给思想政治教育带来了双刃效应

（1）全球化对人的综合素质发展提出新要求。一方面，在全球化的进程中，越来越多的人需要摆脱过去有限区域和单一领域的束缚而参与到各个领域的交往中，为人的综合素质和全面发展提供了广阔的空间。另一方面，全球化给人们的生活方式、生产方式与思维方式带来前所未有的冲击，对人的各方面能力和素质的要求越来越高，需要充分挖掘人的潜能和解决问题的创造力。

（2）全球化为思想政治教育创新创造了条件。全球化的推进为思想政治教育的发展和创新提供了物质基础。同时，全球化使我们有了更多与其他国家进行交流、学习和借鉴的机会，开阔了思想政治教育的视野，引起思想政治教育理念的嬗变。

（三）"三全育人"大思政格局的要求

面对数字化时代的教育变迁，教育的时空边界已非常模糊，教育信息呈现泛在化特点，人们对教育环境、教育评价的智能化、个性化要求越来越高。[①]面对新形势、新要求，"三全育人"的大思政格局要求将高校思想政治教育置于数字化发展的时代背景下加以思考和分析。大思政格局的建设要求高校充分利用各种育人途径，将大学生思想政治教育贯穿教育教学的全过程。与此同时，也能够为学生提供多样化的成长平台，更好地促进学生的健康成长与个性化发展，实现国家思想政治教育目标。因此，着力提高高校思想政治教育的智能化、精准化、科学化水平，是目前高校亟待解决的问题。

（四）新技术的发展为思想政治教育精准化奠定了基础

当今，信息技术的工具性应用已经成为教育变革的重要驱动力之一，大数据、人工智能等技术将人、财、物和知识、信息等要素广泛地联结起来，催生了教育决策、教育资源共享方式、教育传播途径的深刻变化。

大数据技术对海量数据的分析和即时反馈，能够更加客观地体现大学生的生活全貌。同时，人工智能技术的发展能够对海量数据加以科学分类、系统分析，进而根据个体发展和思想政治教育工作的实际需要，实现思想政治教育的精准推送和定制服务。

与此同时，当代大学生思想政治教育无论是内容、形式还是评价方式都在发生变化。因此，认真思考时代发展的变化与诉求，加快数字化时代高校思想政治教育与大数据、人工智能等信息技术的结合，势在必行。

二、高校思想政治教育网络化模式构建思路

（一）思想政治教育与网络技术相结合

在高校思想政治教育网络化模式构建中，将思想政治教育与网络技术紧密

---

① 郜晖，刘立清. 数字时代高校思想政治教育精准化模式的内涵要素及建构研究［J］. 教育观察，2022（19）：50-54.

结合是其中的思路之一。高校可借助网络技术的优势，把抽象的思想政治理论转化为形象、生动且富有吸引力的网络内容；开发专门的思政教育 APP，方便学生随时随地参与思想政治的学习与讨论；利用大数据分析技术，精准把握学生的思想动态与学习需求，从而个性化推送思想政治教育资源，因材施教；运用网络直播开展思想政治讲座、研讨会等活动，打破时空限制，增强思想政治教育的影响力。

（二）网络思想政治教育与传统思想政治教育相结合

网络思想政治教育作为一项社会实践活动，其目标的实现、内容的实施和活动的展开等，都需要依赖一定的载体。① 也正是凭借多样化的载体，网络思想政治教育者和教育对象之间才能展开有效的交往互动。网络化、信息化技术的快速发展，一方面要求传统的思想政治教育载体不断改变自身的内在结构和呈现方式，另一方面又催生了一系列新的载体形式，并发挥出积极的功能。在新的网络空间条件下，积极推进网络思想政治教育载体的创新发展，是实现思想政治教育网络化、现代化发展的必然要求。

虽然网络思想政治教育在高校思想政治教育中作用突出，但我们也不能忽视传统思想政治教育的作用。思想政治教育要取得良好效果，离不开现代与传统手段的结合。具体来说，思想政治教师可以将传统思政课程中的经典案例、核心理论利用网络短视频、动画等形式进行二次创作与传播，从而扩大受众范围。学生在线上讨论热点话题后，可在线下课堂进行深入剖析总结，从而强化对课堂知识的理解。

（三）网络文化建设与思想政治教育的育人功能相结合

高校网络文化在网络时代获得了快速发展，对大学生的观念和行为产生了重要的影响。但是，高校在网络文化建设过程中遇到了各方面的难题，因此高校有必要对网络文化建设工作的优化路径进行探索，从而更好地推进网络文化的建设工作，实现网络文化建设与思想政治教育育人功能的结合。

网络环境的健康与否直接关系到网络思想政治教育育人功能的实现。② 目前，我国网络文化产业蓬勃发展，网络文化建设和管理逐步步入规范化轨道。但是，我们也要看到，我国的网络文化建设和管理还存在一些问题，如网络文

① 陈宗章. 网络思想政治教育载体的创新发展［J］. 重庆邮电大学学报（社会科学版），2023（3）：65-72.

② 蒋晓侠，薛明珠. 网络化时代高校思想政治教育模式的变革与构建［J］. 齐齐哈尔大学学报（哲学社会科学版），2013（2）：144-146.

化的发展与信息产业的发展不协调，存在重产业轻文化、重技术轻内容、重引进轻原创的问题；主流文化在网络文化中的力量不够强大；网络道德与法治建设有待进一步加强以及管理不到位等问题。因此，要加强网络文化建设与管理，把网络文化阵地建设与发挥思想政治教育的育人功能结合起来，把加强网络思想政治教育队伍建设、健全网络管理机制与净化网络环境结合起来。通过"绿色网上校园"的建设，不断提高运用和驾驭网络的能力，牢牢把握网络发展和网络文化建设的主导权，增强网络思想政治教育的功能。

第二节　翻转课堂模式

一、翻转课堂概述

（一）翻转课堂的定义

翻转课堂，又称反转课堂或颠倒课堂，是一种新兴的教学模式。它重新调整了课堂内外的时间，将学习的决定权从教师转移给学生。在这种教学模式下，教师负责在课前创建或精选微教学视频，供学生在家中或课外观看学习。课堂上，师生协作探究、互动交流，完成知识的内化。简而言之，翻转课堂提倡把传统课堂上的讲授环节移到课前，由学生自主学习完成；而课堂时间则用来讨论、练习、项目合作等活动。

（二）翻转课堂的本质

1. 翻转课堂在本质上追求创新和智慧教育

翻转课堂在本质上对创新与智慧教育有着不懈追求。它打破了传统教学的固有模式，创新地将知识传授提前至课外，借助丰富多样的数字化资源，让学生能依照自身节奏探索学习。这种模式以学生为中心，利用信息技术精准分析学情，充分挖掘学生的个体潜能，培养学生自主学习、创新思维与问题解决的能力，为构建智慧教育生态奠定了坚实的基础，推动了教育的创新发展。

2. "翻转"的过程是学生智慧发展的过程

翻转课堂由于突破了传统课堂教学的时空限制，将"最合适的教学过程"安排在了"最合适的时间"，使接受学习与探究学习实现了有机结合、优势互补，因而有利于解决传统教学的两大"顽疾"：一是教师无暇顾及学生学习差异的问题；二是教师对学生创新能力培养缺乏重视的问题。"翻转"的过程，就是碎片知识的学习与整合创新的过程。因此，翻转课堂不仅有利于学生知识的学习，更有利于其知识的应用、创新能力的培养和智慧的发展。

（三）翻转课堂的理念

传统的课堂教学，教师课堂上的教学时间不足以满足学生的个性化需求，因而传统的知识讲授并不能给学生带来较好的学习效果。

翻转课堂就是把传统的师生面对面直接教学的内容，通过视频或课件等方式让学生在课前完成，课上则用于集体或个性化活动，以改变过去"先教后学"导致的学生机械和被动学习，提高课堂教学效果。在"翻转"的过程中，教师确立起"先学后教"的基本理念，重新调整了课堂内外的时间安排，把学习的主动权交给学生，让学生成为学习的真正主体，并在自主学习、探究学习和合作学习的过程中培养学生的批判思考和问题解决能力。这是对传统教学环节的一种变革，它把内容讲授的环节以任务的方式放到课前，课堂上师生就有更多的时间进行操练和运用，教师可以满足学生更多的个性化需求。"翻转"涉及教学时间的"翻转"和教学内容的"翻转"，其目的是把传统课堂上的以讲授为中心，转变为以学生的学习为中心，通过师生的互动交流和合作学习，个性化地满足不同层次学生的学习需求。

在这种教学模式下，学生在课前要依据视频等学习资源完成基本知识内容的学习；课堂上要进行小组合作或基于项目的学习，以获得对知识更深层次的理解；课后则要自主规划学习内容、学习进度和呈现知识的方式等。

二、翻转课堂的特征

（一）学习具有开放性

一般来说，高校思想政治教育旨在培养学生正确的世界观、人生观和价值观。通过科学社会主义理论体系的学习，使学生充分认识到社会主义制度的优越性，培养学生的爱国主义精神。翻转课堂模式赋予"老知识"以"新学法"。课前的网络学习除了观看微视频、PPT外，还有随堂测试、在线讨论等丰富多样的学习方式。课堂学习主要有分组讨论、爱国主义演讲、主题辩论等。课外实践则涵盖了志愿者活动、走访爱国主义基地等。总之，只要富有思想政治教育元素，具有较强的可操作性且学生乐于参与，都是高校思想政治理论课受欢迎的教育手段。

（二）兼顾学生的差异性和多层次性

网络和信息技术在大学校园的普及性应用，为实现个性化教学带来了极大的可能。① 思想政治教育翻转课堂充分体现了这一点。课前的网络课程学习，学生可以根据自己的实际情况自主安排学习进度。在线讨论环节中，学生也可以根据兴趣进行分组，选择自己平时关注度高的问题展开讨论。教师在线解答学生问题时，也是"一题一答"，这种互动更能满足学生学习的个性化需求，体现学生的主体性和差异性。对于学有余力者，教师可提供深度探究任务；对于基础薄弱者，教师可引导其强化基础知识的运用。翻转课堂模式尊重每位学生的独特性，使不同层次的学生都能在原有基础上得到提升。

三、翻转课堂的应用实践

（一）使用个性化的思想教育方式

鉴于现在大学生思想多元化的特点，利用翻转课堂，使用个性化的思想教育方式，是有其积极意义的。个性化是指针对不同个性的学生，采用不同的教育和管理手段，促使不同学生个体之间优势互补、取长补短，促进学生个性的发展。在翻转课堂中，学生可以根据自己的学习情况提出个性化问题，教师逐一解答。此外，对于思想较为成熟的学生，教师可以提出深度思考的话题激发其进一步探索；对于思想认知尚浅的学生，教师可以用通俗易懂的方式对其进行引导与启发，从而满足不同学生思想政治教育的个性化需求。

（二）使用灵活多样的班级授课形式

翻转课堂的精妙之处在于如何"翻转"出更有新意的课堂形式。对于比较深奥难懂的问题，宜采用分组讨论的上课方式，通过对观点的搜集整理，同学们共享知识。对于有争议的话题，则更适合小组辩论，通过观点的碰撞和交锋，让大家明晰基本道理。而有些知识，则可通过情景剧或小品表演的方式，让同学们在剧情的发展中体悟其中的道理。这样的班级授课形式，能充分调动学生的积极性，提升思想政治教育的效果。

（三）将精品视频公开课引入高校思想政治教育课堂中

精品视频公开课的引入，使思想政治教育的学习不再局限于本校，给高校

---

① 封寒，乔小倩．高职思想政治教育翻转课堂模式研究［J］．吉林省教育学院学报，2018（9）：35-38.

大学生带来近距离接触世界名校的机会。对于他们来说，精品视频公开课带来了全新的课程和思想，不仅增长了见识，还弥补了因种种原因不能到世界名校学习的遗憾。课前，教师应精心挑选契合教学主题的精品视频公开课资源，并将其推送给学生预习。学生自主观看视频资源，能对思想政治的相关知识有初步理解与思考。课中，教师不应长篇大论，而是应让学生各抒己见，以深化对思想政治理论的理解。课后，教师还可让学生基于视频与课堂讨论撰写感悟或小论文，以巩固知识。

（四）建立校内外丰富多彩的实践基地和活动平台

课前、课内、课后三个环节的系统教学，构成了高校思想政治教育翻转课堂模式的完整形式。高校可结合富含思想政治教育元素的活动，拓宽思想政治实践教学形式。地方政府也可以为学校提供更多的外出实践机会。多元化的校内外活动是保证思政课堂有效"翻转"的必备条件。学生可以通过社会实践、志愿者活动等方式，将理论知识加以巩固，不断强化，从而养成良好的行为习惯。

（五）建立健全保障机制

高校思想政治教育不仅仅是思想政治课教师的事情，也不能局限在思想政治教育课堂上，而应与高校各部门紧密联合起来，建立健全保障机制，打造多元化的思想政治教育环境，形成良好的文化氛围，让学生真正在学习和生活中潜移默化地接受积极向上的思想。同时，高校还应完善人员保障，培养专业的网络思想政治教育师资队伍，使其熟练掌握网络教学技能与思想政治教育内容的融合技巧，同时安排专人负责网络平台的日常管理与监控。

第三节　慕课模式

一、慕课概述

（一）慕课的定义

慕课，即大规模开放在线课程（Massive Open Online Course），简称MOOC，是一种通过互联网技术提供广泛学习资源和教育机会的在线教育模式。慕课极大地促进了教育信息化的发展。

（二）慕课的特点

1. 大规模

慕课具有大规模的特点，主要体现为课程内容非常多，参与课程学习的学生数量多。众所周知，传统的课堂教学由于教学场地和空间限制，对参与的人数有一定的要求，但是慕课的学习者在人数上是没有限制的。慕课为学习者提供了海量的网络课程，覆盖各个学科、各个领域。

2. 开放性

慕课具有开放性特点。它打破了身份限制，不同学历、职业、年龄的人，皆可参与。它使学习者无地域与时间的束缚，学习者能按自身节奏随时随地开启学习之旅，极大地拓宽了教育的受众面，促进了知识的共享与交流。

3. 自主性

慕课网络课程学习的全流程在网上完成，课程运作模式是提前录制讲课视频，然后上传至平台供学习者观看学习，而学习者必须通过网络进行在线学习。学习者的网络在线学习具有很强的自主性，学习的时间和地点不受限制，突破了传统课程教学的时空限制和约束，实现了随时随地的学习，满足了用户的个性化需求，有利于激发学习者的主动性，提高学习效率。

4. 互动性

慕课在线网络课堂教学的互动性是区别于传统课堂和以往网络教学的又一特色，深受学习者喜欢。慕课开辟了很多线上交互工具，如网络问答社区、留言板等即时通信软件，使得学习者在学习之余可以解答疑难、表达观点、交流思想。学习者不仅可以与教师针对课程问题进行沟通，同时还可以分享观点、交流思想、参与论坛讨论。

二、慕课网络平台为高校思想政治教育的发展带来的优势

第一，高校思想政治教育可借助慕课网络平台的技术优势有效整合课程教学资源，建立高校思想政治教育开放性教学平台。高校能充分借助慕课网络平台强大的技术优势，汇聚各方优质教学素材、经典案例与专家讲解视频，从而构建内容丰富、层次多元的资源库。同时，以此为基础，建立高校思想政治教育开放性教学平台。大学生在此平台中只需注册用户账号，就能够搜集到更多优秀思想政治教育课程内容，还可以聆听全国优秀思想政治教育名师或专家所讲授的课程知识。

第二，高校运用慕课网络平台可以最大限度地促进思想政治教育教学方法

的创新，带给大学生更为丰富、生动、有趣、形象、新颖的教学内容，打破传统课堂枯燥、乏味的状态，根据自身喜好和学习倾向选择想要学习的思政内容。同时，慕课网络平台能够给大学生带来更多的学习体验感，可充分调动大学生学习的积极性，让大学生从被动接受知识转变为主动汲取知识。①

第三，慕课的兼容性有利于促进"课堂、网络、实践"教学的一体化。慕课吸收了远程网络教学的教学内容体系化和系统性、教学对象有针对性、教学过程和教学评价以及考核有序性与完整性的特点，吸收了视频公开课的公开性、免费性、共享性优点，同时又吸收了传统课堂教学模式的优点，把网络教学和课堂教学融为一体，建构了一种新型的教学模式。慕课这种把网络教学和课堂教学有机统一的做法，对高校思想政治教育效果的提升具有很大的启发和借鉴意义。

三、慕课网络平台的高校思想政治教育策略

（一）利用慕课网络平台更新理念

在慕课网络平台的应用背景下，高校应注重创新思想政治教育理论，建立思想政治教育与慕课推广的协调机制，全面提升高校思想政治教育工作的网络化和信息化。在具体教学工作中，教师也应更新自身的教学理念，勇于创新，善于运用新的教学理念，为慕课教学在高校思想政治课堂的应用，准备条件。

在实践教学中，教师应注重将慕课模式与课堂教学有机结合，利用网络平台的先进性和灵活性，完成对具体教学内容的补充，并通过慕课形式吸引学生，提升高校思想政治课堂的参与度，这也是慕课网络平台在高校教学体系中的应用价值。同时，高校应抓住机遇，将慕课模式应用于探究实践教学中，利用合理的计划方案，促进高校思想政治教育理念的升级与完善，为慕课模式的高效应用创造便利条件。

此外，基于慕课的灵活性、碎片化形式，高校也可将具体的思政意识形态理论融入短视频中，利用慕课视频巩固教学成果，引导大学生树立正确的思想观念。总之，利用慕课模式更新教学理念是提升高校思想政治教育效果的重要途径。

---

① 王兆婷.基于慕课网络平台的高校思想政治教育新阵地构筑研究［J］.佳木斯职业学院学报，2019（12）：28-29.

(二) 明确高校慕课网络平台应用新目标

慕课网络平台的高校教育实践，是引领时代教育发展的新浪潮。[①] 因此，高校思想政治教育应先明确新时期高校教育的目标，重视教育结构与内容的完善，打造现代思想政治教育管理模块，以培养高素质人才为核心，构建坚固的思想政治教育壁垒，抵御不良信息和消极影响。此外，高校思想政治教育紧跟时代发展步伐固然重要，但也要充分做好平衡，分析不同环境下的各类教育资源应用的利弊，尽可能发挥慕课网络平台的最大优势，以便在积极拓展现代化教育资源的同时，夯实高校思想政治教育的基础。

(三) 开展以慕课为主的互动教学

慕课教学重要的优势之一就是互动性，大学生在具体的学习实践中，可在线与慕课教师进行互动，因此能够有效提升大学生的交流与沟通能力。

慕课的互动性要求大学生在具体的学习过程中，善于提出问题，并对相关理论的应用提出疑问，为理论研究与学习讨论创造必要条件。在具体学习环节中，大学生可根据自身的学习状况，选择合适的慕课学习内容，并利用碎片化时间对重点与难点内容进行反复观看与思考，做好相关的记录工作。同时，对于具体的教学内容，应开展教师和学生在线交流与互动，以此保证思想政治教育在慕课模式下达到最佳的教学效果。

另外，教师可以在慕课平台设置丰富的互动环节，如在课程视频中适时插入提问，引导学生即时思考作答，检验其知识掌握情况并促使学生保持专注度。这样的互动既能拉近师生距离，也能增强网络思想政治教育的效果。

(四) 确立慕课网络平台实践新方案

慕课网络平台作为新时代思想政治教育的辅助方式，也应遵循教育创新原则。为了更好地开展创新实践活动，高校慕课网络平台的课堂教育方案的确立，需要教师做好以下两点。

第一，教师群体要能够了解学生的内心世界，分析学生存在的思想问题，以便围绕问题在慕课网络平台中寻找适宜的课堂教学资源。

第二，教师要根据自身教学经验，及时对高校与慕课网络平台的教育衔接问题提出建设性建议，完善慕课教学在高校思想政治教育中的基础体系，有效

---

① 唐立军. 基于慕课网络平台的高校思想政治教育新阵地构筑研究 [J]. 普洱学院学报，2019 (5)：89-91.

避免高校传统网络教育问题在慕课网络平台课堂教学中的再次发生。

（五）依托慕课网络平台丰富教育内容

高校思想政治教育面临的主要挑战是教学内容单一化和模式化，限制了学生的知识面，不利于学生创造性思维能力的发展。因此，在实践教学环节中，教师应善于利用慕课模式，对思想政治教育内容进行延伸，提升高校思想政治教育效果。在具体教学中，学校应成立慕课推广小组，对慕课的应用优势进行宣传，使大部分师生接受慕课模式。同时，对于传统的思想政治教育模式应做好创新工作，注重应用先进的互联网和信息化技术对课程开展方式进行改进，由此促进教学方法的多样化。

思想政治教育内容与其他学科相比，具有广泛性的特点，以慕课为主的教学方式，可实现对教学内容的有效延伸。慕课具有丰富的网络在线资源，学生可通过关键词搜索，对相关的学习内容进行浏览，以此拓宽知识面。教师要探究思想政治教育的新模式与新方法，以大学生自主学习能力的培养为核心和重点，促进高校思想政治教育方式应用的高效性与合理性。

思想政治教育内容对大学生树立正确的世界观、人生观和价值观能够产生直接影响。教师应注重利用慕课模式，改善高校思想政治教育内容，并对具体的教学工作进行规划。在实践教学中，教师要突破思想桎梏，利用创新的理念与工作方法，对具体的教学问题进行研究与分析，探究有针对性的解决对策，促进慕课模式在高校思想政治教育中的有序开展。

第四节 智慧课堂模式

一、智慧课堂概述

（一）智慧课堂的含义

智慧课堂的提出和发展实际上是学校教育信息化聚焦于教学、课堂、师生活动的必然趋势。关于智慧课堂的含义，从不同的视角来看有不同的理解。

智慧课堂的概念有两种视角的理解：一种是从教育视角来看，新的课程理念认为，课堂教学不是简单地知识传授或学习的过程，而是师生情感与智慧综合生成的过程，智慧课堂的根本任务是开发学生的智慧，在这里智慧课堂的概念是相对于知识课堂而言的。另一种是从信息化视角来看的，指利用先进的信息技术手段实现课堂教学的信息化、智能化，构建富有智慧的教学环境，在这里智慧课堂的概念是相对于传统课堂而言的。

事实上，上述两种视角的认识是紧密关联的，利用信息技术创设富有智慧的课堂教学环境，其根本目的也是促进知识课堂向智慧课堂转变，实现学生的智慧发展。

（二）智慧课堂的特征

1. 生成性

智慧课堂中的教学不再是刻板的预设流程，而是在师生互动、生生交流及与智能技术的交融中，不断涌现新的认知、思考与创意。课堂资源实时更新，问题解决途径多样，教学内容与策略依照学情与情境灵动生成，这样才能够充分激发学生的学习潜能。

2. 互动性

智慧课堂的互动性显著。它打破了传统单向交流的局限性，教师可借助智能设备随时提问，让学生解答与探讨问题，从而实现高效的双向互动。学生可通过小组合作学习、在线交流等形式，分享观点、协同探究。

二、智慧课堂在高校思想政治教育中的应用优势

智慧课堂以互联网技术为依托，以教育信息化为核心，能促进思想政治教育的显著发展。与传统课堂教学手段相比，智慧课堂侧重于构建智能化、信息化的教学环境，以充分调动学生的学习积极性和主动性。将智慧课堂应用于高校思想政治教学实践中，主要有以下几点优势。

（一）创新了传统的教学手段

相较于传统思想政治理论课的教学模式，智慧课堂的显著特点在于教学手段的创新和教学平台的拓展。在智慧课堂模式下，教师可以利用无线技术控制教室中的多媒体设备，仅需通过简单的操作便可将课本上的文字内容以图片、视频、动画等形式呈现在学生面前，既有利于增强学生的学习兴趣，又节约了大量的课堂时间。

（二）提供了丰富的教学资源

高校思想政治教育的智慧课堂模式能够实现教学资源的高度集成，教师可

以通过各种智能终端配合智慧教室的综合显控设备实现教学资源的实时、全景展现，使教材内容和教学资源得到充分利用，使教学内容的呈现从静态转向动态，使学生的学习体验更为直观。

（三）营造了良好的学习环境

在高等教育中，教师的课堂教学只是学生获取知识的渠道之一。很多时候，大学生还要通过与其他同学之间的互动探究来掌握新的知识，智慧课堂的应用正好为大学生们提供了一个相互交流、学习的平台。由于思想政治教育属于公共基础课程，学生大多来自不同的专业，通过智慧课堂模式，学生将不懂的问题发送到平台上，其他同学可以给予相应的解答，又或者在他人的答案下发表自己的观点。学生在这种良好的学习环境中学习，其学习效率和学习质量也能有所保证。

（四）保证了及时的教学效果反馈

及时的教学效果反馈是高校思想政治教育中智慧课堂的重要特点。能否及时反馈教学效果，是评价高校思想政治教育教学质量的重要参考。传统课堂受教学理念和手段的限制，存在反馈不及时、不全面、主观性强等局限性。然而，智慧课堂可以通过对学生学习情况进行大数据分析建模，让教师实时、动态地了解学生对所学知识的掌握情况，进而及时对教学内容进行调整优化。此外，利用智慧课堂的教学反馈功能，学生还可以对课堂教学方式和内容提出自己的建议和意见，使思想政治理论课的教学方式和内容更有针对性。

（五）促进了师生关系的和谐发展

传统教学模式下，高校思政课教师在开展教学互动活动时大多采取"一对一"的提问方式，教师在与某个学生交流时很难顾及其他同学的听课状态，从而出现部分学生玩手机或交头接耳的现象，而应用智慧课堂则会改善这一情况。在智慧课堂教学过程中，教师可以通过平台将板书内容和教学课件发送到学生的智能设备上，当教师提出问题后，每个学生都有机会作答，系统会自动提交学生的答案，这样既有效拉近了教师和学生间的距离，又极大地提高了学生的课堂注意力，有利于课堂教学成效的提升。[①]

---

① 冉新月．智慧课堂提升高校思想政治教育实效性对策探讨［J］．改革与开放，2018（12）：104 −105.

三、智慧课堂促进高校思想政治教育发展的策略

（一）实现教学理念和方法的融合

智慧课堂促使高校思想政治教育的发展需实现教学理念与方法的融合。在理念上，教师应秉持以学生为中心，将知识传授与价值塑造融合，关注学生个体发展与思想动态。同时，借助智慧课堂大数据分析，准确把握学生的学习需求。在方法上，教师应把传统讲授法与情境教学、案例教学等相结合，利用智能技术创设沉浸式思政情境，以热点案例引导学生思考。不仅如此，教师在应用智慧课堂模式增强学生课程参与度的过程中，要充分给予学生参与、互动的机会，以学生的视角组织教学，将教材语言转换为通俗易懂、易为学生接受的教学语言，使课程内容真正实现入耳、入脑、入心。

（二）构建智慧学习环境

智慧学习环境相对于数字化学习环境而言，可以根据学生的特征和学习情景为学生提供便利的互动工具和合适的学习资源，并对学习过程和学习成果进行自动记录和测评，使学生可以在有效的学习场所中实现高质量学习。

在开展高校思想政治教育理论教学的过程中，教师可以通过智慧课堂模式，监控和分析学生的整个学习过程，并运用大数据中心和云计算服务提供的数据来为学生推送精准的学习资源，同时做好学习记录、结果监测以及状态评估等工作。在开展高校思想政治教育实践教学的过程中，还可以借助人工智能来构建虚拟环境、仿真智能学习情境，对学生的学习过程和状态进行分析，同时根据得出的数据结果适当调整教学内容和教学进度，防止因受到经费、地点、时间等因素的影响，而造成教育形式单一化，大大削弱教学效果的现象。

构建上述智慧学习环境，能够营造沉浸式思政学习氛围，激发学生的学习兴趣与主动性，实时收集学生学习数据，为高校思想政治教育开辟发展的新路径，提升思想政治教育的质量。

（三）进一步发挥教师的教学主导作用

在应用智慧课堂模式提升思想政治教育教学时效性的过程中，高校要充分调动教师的积极性，在教学中加强智慧课堂模式的应用和推广，使教师的主导作用得到提升。在教学实践中，教师要把智慧课堂模式应用于备课、授课和考核的全过程，采取讲授与学生体验相结合的方式。同时，教师要组织学生对教

学内容进行谈论，并对学生的观点进行总结，纠正学生的错误认识，掌握课堂教学的主动权。

（四）创新教学模式

第一，创建以学生为主体的教学模式。现代教育更加注重学生的主体地位，强调让学生参与到教学中，改变以往学生被动学习的状态。在以学生为主体的教学模式下，教师应借助智慧课堂平台提前给学生推送预习资料，使其能自主探究知识。课堂中，教师应组织学生分组讨论思政热点话题，鼓励其运用所学理论分析并发表见解，教师再做针对性的点评与引导。当然，教师还可以利用线上投票、抢答等形式激发学生的参与热情，让学生利用智能设备创作并展示思政主题作品。

第二，创建实践活动模式。社会实践活动是大学生接触社会的有效方式。高校思政教师通过组织理论宣讲、社会调查、志愿者活动、社会公益活动等多样化的社会实践活动，引导大学生对社会热点话题等进行关注并思考，让他们在实践活动中掌握、体会、领悟思想政治教育的内涵。

（五）创新考核方式

高校要依托智慧课堂模式，建构多层次、多维度的学生学习情况考核体系，形成与智慧课堂模式相对应的考核方式。因此，教师要从智慧课堂的新常态出发，使学生参与的每项活动都能得到相应的分数，调动学生参与课堂教学的积极性。此外，具体考试方式方面也可以应用智慧课堂：教师在智慧课堂平台建好课程试题库，从题库随机选题完成组卷，并按照学校考试时间安排设置好试题发放时间；学生按时利用智慧课堂平台进行机考，高校组织教师进行"线上+线下"的同步监考工作；智慧课堂平台可以自动批改客观题，减轻教师的阅卷负担，使教师可以将更多精力放在主观题的审阅上，从而进一步了解学生对知识的理解和应用能力。

第四章 高校思想政治教育网络化方法的支持载体

对于高校思想政治教育来说，网络技术等相关方式的融入，极大地促进了其相关工作的开展。而其所涉及的网络化方法支持载体的研究并非一朝一夕的事情，既要做好理论方面的研究，也要注重现实性的应用，这样才能使网络化方法支持载体在相关的教育工作中发挥出应有的作用。

第一节 高校思想政治教育网络化方法支持载体概述

一、高校思想政治教育网络化方法支持载体的内涵

"载体"一词最初是一个用于物理、化工等领域的专业术语，后来逐渐延伸到人文、社会科学等领域。

高校思想政治教育网络化方法支持载体，一直受到学术界的广泛关注。但人们在概念的界定和表述上存在着较大差异，各不相同。概括起来，学术界对其内涵的认识与概括主要有以下几种观点。

第一种是形式论。这种观点认为高校思想政治教育网络化方法支持载体只是从载体的各种形式来看的。

第二种是活动论。这种观点认为高校思想政治教育网络化方法支持载体是一种活动形式或者活动方式。

第三种是物质方式和活动方式论。这种观点认为高校思想政治教育网络化方法支持载体包括活动形式载体和物质形态载体。

第四种是要素论。这种观点认为高校思想政治教育网络化方法支持载体是高校思想政治教育的基本要素之一，是联结教育主体与教育客体之间的桥梁和纽带。

第五种是中介论。这种观点认为高校思想政治教育网络化方法支持载体是联结高校思想政治教育主体与教育客体之间的中介物，属于思想教育中介中的载体中介。

通常来讲，科学界定高校思想政治教育网络化方法支持载体这一概念，离不开对高校思想政治教育的理解。高校思想政治教育本身既是一种人类社会实践活动，又是教育主体用一定的思想观念、道德行为规范等对教育客体实施的有目的、有计划、有组织的活动，并使教育客体在活动过程中形成一定的思想道德品格。进行高校思想政治教育，教育主体开展教育活动时既要选择恰当的教育形式，又要通过这些形式与教育客体进行互动。

而这些教育形式，就是高校思想政治教育网络化方法支持的重要载体。基于此，在实施高校思想政治教育的过程中，可以为高校思想政治教育主体所运用的，能够承载和传递高校思想政治教育的内容或信息，并能够促进高校思想政治教育主客体相互作用的活动形式和物质实体，可以被认为是高校思想政治教育网络化方法的支持载体。

二、高校思想政治教育网络化方法支持载体的类型

在每个历史阶段，思想政治教育工作中的主客体等各要素之间都存在深刻联系，既相互依存，又相互约束。同时，各要素间需要通过某种方式相联系。思想政治教育网络化方法支持载体便是将思想政治教育各要素联系起来的纽带，思想政治教育主体需要通过思想政治教育网络化方法支持载体传递教育信息等相关内容。在不同的历史时期，思想政治教育的各项要素会随着时代的发展而产生变化，调整思想政治教育网络化方法支持载体，能够更好地实现思想政治教育各要素之间的互动，达到思想政治教育的预期效果。

具体说来，思想政治教育网络化方法支持载体分为语言载体、文化载体、活动载体、传媒载体和网络载体等。

（一）语言载体

语言载体可以细分为书面语言载体和口头语言载体。语言在文化的形成过程中起到介质作用；而在文化的不断发展中，语言又发挥了记录的作用。在文化对外传播的过程中，语言则成了传播平台，发挥着载体的功能。

语言作为一种信息传播的介质，发挥着记录和传播的作用。而文化的形成需借助语言的传播作用，并基于文化体系的丰富和完善变得越来越具有影响力和渗透力。以语言为载体开展思想政治教育活动的过程中，需以书面和口头形

式达到讲授和传播知识、文化的目的。①

借助语言，教师将先进的思想政治教育理论、观点、立场等传输给学生。语言既是教育教学中的载体，又是社会成员间交流的工具，对学生的思想成长与价值观的树立能够产生潜移默化的影响。

（二）文化载体

与一般的文化载体不同，思想政治教育网络化方法支持载体中的文化载体，强调的是文化载体表现出的思想政治教育属性，其具备思想政治教育的内容和要素，且能够被思想政治教育工作者所掌握和应用。思想政治教育工作者将所接收的内容信息与文化产业相关联，利用文化产业对大学生进行思想政治教育时，也是要靠文化载体来完成的。在我国，积极运用影视传媒、出版发行等传统文化产业，发展文化创意、多媒体等现代文化产业，是创新和优化思想政治教育网络化方法文化载体的有效途径。②

（三）活动载体

高校思想政治教育网络化方法支持载体中的活动载体能将思想政治教育内容与活动紧密结合起来。思想政治教育工作者通过活动来宣传思想政治内容，增强大学生对思想政治教育的认识，使其道德素质在活动中得到提升，实现思想教育的最终目的。

通过活动、实践来承载思想政治教育内容，既是实现思想政治教育目的的要求，也是改善思想政治教育实效的重要途径。思想政治教育的各个环节都需要通过实践活动来实现，这也是思想政治教育的重要特征。

（四）传媒载体

教师通过报纸、杂志、电视等媒体，将思想政治教育内容融入电影、书籍、话剧、歌曲等形式当中，以多种风格与途径传播思想政治教育内容，达到强化大学生思想道德意识、增强思想道德水平、提高道德感悟的目的。

一方面，传媒载体拓宽了思想政治教育的覆盖范围；另一方面，传媒载体提高了思想政治教育内容的传播效率。

虽然在各个历史时期，传媒载体的形式存在一定区别，但从整体上来看，

---

① 刘红. 互联网+背景下高校思想政治教育载体创新研究［J］. 佳木斯职业学院学报，2021，37（11）：11-12.

② 王卓. 高校思想政治教育载体的发展与创新研究［J］. 南宁师范大学学报（哲学社会科学版），2020，41（3）：107-112.

其作用主要表现在能够对大学的思想观念及行为取向产生影响。传媒所具备的海量信息与巨大的社会影响使其有能力通过舆论影响大学生的思想以及行为。

（五）网络载体

严格来说，网络载体属于传媒载体的一种，因其重要性，故此处单列。作为一种新型的信息传媒载体，网络自出现以来就以惊人的速度迅速发展成为人们生活中的重要组成部分。在网络技术基础上衍生出来的多媒体信息技术，其传播内容之丰富、范围之广泛，对人们的生活、学习、工作都产生了重要的影响。

网络载体是互联网技术蓬勃发展和教育现代化的产物，教育工作者应最大程度地迎合学生的认知基础，以网络为载体承载教学内容。基于网络平台，教师可组织学生在线上、线下自由而主动地学习新知识、巩固旧知识。教师可将蕴含思政元素的电影、歌曲、电子书等介绍给学生，鼓励他们利用网络学习相应内容和文化。

思想政治教育嫁接网络载体，可极大丰富教育资源，并对传统教学模式和教学形式进行有效创新。相较于统一的课本，网络中的知识信息量是巨大和丰富的。因此，教师需将网络载体科学地引进思想政治教学中，打破传统教学形态，构建开放、广阔、无信息边界的教学空间。

三、高校思想政治教育网络化方法支持载体创新的必要性

（一）适应时代发展的现实需要

随着生产力水平和科学技术的发展，我国已经处于信息化时代之中，我国的社会信息化程度日益提升，信息传播的速度也不断加快。如今，网络作为高校大学生获取信息的主要工具，各种思想文化相互冲击、碰撞，而传统的课堂教育使教育者和受教育者处于一个信息交流的平台上，相互传播的信息在一定程度上具有局限性，降低了教育者对受教育者的权威性和影响力。

因此，高校必须正确引导大学生认识社会的发展规律和必然趋势，逐步树立正确的人生观和价值观，并在思想政治教育网络化方法支持载体原有的基础上加以创新，才能适应时代的发展。

（二）促进思想政治教育学科发展的迫切需要

思想政治教育是一门综合性和实用性的学科，但随着教育的不断改革，新

兴事物的不断出现，传统的思想政治教育载体已经不能完全适应日常的思想政治教育工作的需要，思想政治教育的效用与功能也开始出现弱化现象，同时也出现了不能满足思想政治教育学科发展的情况。

在这种形势下，高校作为大学生思想政治教育的主阵地，应充分利用现有的资源，对现行的思想政治教育载体进行创新与优化，跟紧时代发展的步伐，最大限度地发挥高校思想政治教育对大学生的导向功能和教育功能，整合高校思想政治教育资源，进一步增强高校思想政治教育的实效性，对思想政治教育网络化方法支持载体进行科学创新，实现高校思想政治教育学科的发展和创新。

（三）满足大学生思想变化的内在需要

当代大学生作为思想活跃，是易接受新鲜事物的群体。但是，大学生在认识社会的过程中，由于社会经验有限和思想尚未完全成熟，有时难以辩证、全面地思考问题，容易使认知与行为产生矛盾，进而影响大学生自身的成长方向和发展趋势。

因此，高校需要贴近大学生的日常生活，结合大学生的已有知识、现有能力和成长需要，满足大学生思想变化的内在需要，使学生能够适应未来社会的发展要求，以促进高校思想政治教育网络化方法支持载体实效性的增强和生命力的延长。

第二节　微信支持高校思想政治教育

一、微信概述

2011年，腾讯公司推出一款新型的即时通信软件，即智能手机应用程序——微信。微信主要有以下特点。

（一）即时性

微信作为一款社交软件，在信息传播的即时性方面整合了微博、QQ的功能，做到了信息的即时发布、即时传递、即时接收。值得注意的是，即时性不仅仅停留在信息的传播过程，还包括信息量的即时传递。微信主打的语音消息功能可以完整还原信息发布者传播信息时的语气、心情等状态，大大拓展了传递内容的信息含量。此外，微信的实时对讲、网络视频等功能，也实现了真正意义上的即时性。

（二）交互性

微信为使用者创立了一个平等的交互环境，使用者之间的交流不再需要门槛。同样，使用者与公众号的交流也是平等的，用户想要与公众平台交流的内容可以随时随地发送，公众平台管理者也可以在后台及时查看。

微信还具备信息发布两分钟内可撤回的功能，这让信息发布者可以选择信息交流的开始、暂停和中止。从某种意义上来说，信息发布者进一步掌握了主动权，于是，交互性随之增加。

（三）发散性

微信经历了从"点对点"到"点对多"的发散性转变。目前，微信的信息传播功能是这两种形式相融合的复杂结构。

微信使用者与其微信好友间大多在现实生活中也具有社交关系，相比于陌生人，他们之间的信任度要高得多，彼此间"点对点"的信息传递及群聊中"点对多"的信息分享，都能够达到较好的传播效果。

即便不具有现实社交关系的网络好友之间，出于共同的兴趣或利益等因素考虑，微信传播的信息同样能够引起彼此共鸣，进而转发、分享。

而除了"点对点"以外，微信公众平台、朋友圈和群聊等则更集中地体现了"点对多"的传播方式。因此，信息传播的趋势是具有明显的发散性特点。

（四）分众化

新媒体相较于传统媒体的一个重要特点，就是分众化。微信订阅号倾向于资讯传达，服务号定位于服务交互，企业号专注于内部通信。开发者将微信公众平台进行了精细划分，使得分众传播的形式可以精准定位到具体受众，从而进行信息筛选和进一步优化，达到传播效果最大化。

二、微信支持高校思想政治教育的可行性

（一）国家相关政策的鼓励

近些年来，关于高校思想政治教育深化改革、高校网络管理模式的创新等

方面，都有相应的政策性文件，为高校在思想政治教育过程中引入微信等社交软件提供了政策上、理论上的支持，而最终的实践则需要高校自身来完成。

（二）"互联网+"趋势的推动

微信管理模式是一种互联网管理模式的分支，在"互联网+"的时代大趋势下，"互联网+高校思想政治教育"的开展也是必然的。

高校将思想政治教育与微信管理模式相融合是比较新颖的教学手段。很多高校尝试使用微信来协助开展学生的管理工作，但是较少有学校将微信应用于思想政治教育中。虽然二者看起来没有必然的联系，但是微信本身是一种新的媒介形式以及应用软件，诞生于互联网时代，依赖于信息技术的发展，因此，高校思想政治教育中融合微信管理模式具有可行性。

（三）微信普及率和功能的支持

微信是网络时代最前沿的应用程序之一，是活跃在校园中的十分普遍的应用程序，是目前社交的主要工具。

微信本身的功能在教育方面就具有优势，它可以实现"一对一"、多人群组、朋友圈、链接分享等多种功能，实现教学辅助，并在潜移默化中对学生的思想进行引导。在高校的思想政治教育中，基于微信，教师和学生可以形成较好的沟通，教师可以和学生通过微信进行充分的交流，了解学生的思想动态，解答学生的问题，达到协助课堂教学开展的目的。

三、微信支持高校思想政治教育的必要性

（一）有利于调动高校思想政治教育工作的主动性

微信公众平台不是指向性地一贯式单向传播，而是消除了思想政治教育信息的不对称，实现了教育者与被教育者之间信息的民主与平等，能充分展现大学生的主体地位。同时，在传播与服务的过程中，同龄人之间的互相影响，能更有效地影响大学生的思想观念与思维方式。

（二）有利于促进高校思想政治教育工作的生活化

思想政治教育工作只有实现生活化才能真正走入大学生的心中。作为思想的载体和传播路径，微信公众平台为大学生提供了一个展示自我的平台。例如，学院、班级微信公众号的建立，朋友圈的分享等。

思想政治教育工作者则可以通过微信走进学生的生活，实时了解学生的真实生活动态和学习态度。例如，通过关注学生朋友圈、微信公众号开展互动专区等，来了解学生的思想动态。避免了传统的思想政治教育工作采用的灌输、谈话等形式给学生带来的逆反心理。

（三）有利于利用学生的碎片化时间开展教育

微信作为高校思想政治教育的资讯传播模式，解决了以往互联网媒体"强调传播，忽略共时宣传；强调单向传播，忽略相互传播；强调垂直传播，忽略相互宣传；强调直观传达，忽略间接传达"的缺点。①

（四）有利于优化创新网络思想政治教育的载体

高校思想政治教育工作者可随时随地通过微信公众平台对大学生开展思想政治教育，极大地拓展了网络思想政治教育的空间，创新了思想政治教育的载体。

微信还可以就某一问题与一人或数人开展讨论，在获得更多的价值信息和丰富思政资源的同时，还能够及时发现学生思想中存在的各种思想问题，并有针对性地进行疏导和答疑。

四、微信支持高校思想政治教育的实践策略

（一）微信公众号推送高校思想政治教育学习资源

微信作为一种社交工具，普及率甚广。微信公众号推送高校思想政治教育学习资源具有即时性和互动性的优势。一方面，微信公众号的信息传播时效性较强，能够第一时间了解相关资讯，便于学生及时了解时事热点和突发事件。另一方面，微信公众号具有较强的互动性，"点对点"地将思想政治教育内容推送给感兴趣的学生，并通过分享和转发实现裂变式传播，提高学生参与的积极性，延伸思想政治教育效果。

高校可以根据思想政治教育的进度和需求，在微信公众平台上整合多个模块，有针对性地发布各类教育信息，与学生及时沟通交流。微信公众号能够借助网络优势，通过网络多媒体以多种形式展现思想政治教育内容，提高思想政治教育的吸引力，使学生从被动接受转化为主动接纳。

---

①　吴高璇，牟永念. 微信思想政治教育在教学中的作用及建构［J］. 高教学刊，2022，8（36）：189-192.

（二）朋友圈分享高校思想政治教育学习感悟

对思想政治教育课程的学习而言，学习者真实学习效果的增强需要在与学习同伴的不断交互中取得，微信的朋友圈功能可以很好地实现学习者之间的学习交互。

首先，学习者发布学习心得体会，好友通过点赞、评论、转发等多种方式展开学习观点的碰撞与交流，促进深度学习。其次，对于学习者而言，可以产生相应的学习记录，方便学习者学习反思的产生。最后，转发和评论的内容对于朋友圈的其他学习者而言，也可以作为一种学习资源。

当前，学习者对于信息通信工具的依赖性强，学习碎片化特征明显，通过微信的群聊功能，学习者可以随时发起一对一或者一对多的学习交互，促进学习共同体的产生，从而进一步加强思想政治观点的碰撞，促进学生思想政治教育理念的内化和思想水平的提升。

（三）收藏功能收集高校思想政治教育资源

微信的收藏功能，可以有效地促进学生对信息化移动资源的使用。通过微信朋友圈、公众号、学习共同体等方式获取知识，对于有价值的内容进行收藏，学习者可以更好地实现对个性化学习资源的管理使用，构建符合自身学习需要的、具有多种媒体形式的学习资源。此外，学习者可以依据自身的学习需要，进行浏览、复习及思考，并记录自己的学习心得。

（四）小程序助力思想政治教育资源的共享

微信小程序显著的便捷性和传播性特征将进一步促进高校思想政治教育资源的共享。例如，国内许多高校有着大量优质的思想政治教育资源，我们可以通过大规模开放式的慕课微信小程序实现共享。

（五）根据公众号文章的点击率、阅读量分析学习数据

学习者利用微信订阅号产生的学习痕迹，具有学习记录的作用。于学习者而言，学习记录的数据可以为学习者提供一定的学习反馈；于教师而言，学生的学习记录数据反映了其教学效果，以帮助其更好地进行教学设计。

微信订阅号对于发布的学习资源，可以进行点击率、阅读量的记录，通过登录公众号后台的管理系统，可以很方便地获取学习者的各种学习数据，进行学习反馈。

第三节　短视频平台支持高校思想政治教育

一、短视频平台概述

短视频是借助互联网、电脑通信技术和数字交互式媒体进行传播的传播形式，也是在文字传播、图片传播、传统视频传播之后兴起的又一种互联网内容传播形式，而制作、展示、传播短视频的网络载体即为短视频平台。

根据短视频平台的内容属性特点，可以将其分为以下四种类型。

（一）社交分享型平台

该类型的平台具有较强的社交属性，通过对网络短视频内容产品的精准投放，进行内容的社群化传播与分享，用户可以通过点赞、评论、转发、收藏等互动方式形成流量效应，并以此打造社交商业营销模式。如抖音、快手、微博等，都属于社交分享型平台。社交分享型平台最大的特点就是用户规模庞大，用户黏性强。

这类平台所提供的网络短视频内容丰富，传播速度快、范围广，能形成强大的规模化效应。因此，社交分享型平台在所有平台类型中发展势头十分强劲，并形成了一套相对成熟的全产业链模式。

（二）垂直型平台

该类型的短视频平台主要专注于垂直细分的内容领域，往往汇集了大量热衷于某一领域的内容生产者，如动漫、美食、摄影、美妆、文旅等，通过深耕细分内容，来吸引兴趣相投的用户。垂直型平台定位明确，类型鲜明，如哔哩哔哩网站、小红书、梨视频等平台。

与社交分享型平台相比，垂直型平台虽然也具有一定的社交互动性，但是其用户的社群化程度更高。由于这类平台的用户群体主要集中于某一特定领域，因此用户的身份认同感更强，用户社群也呈现出高度垂直化的特征。

垂直型平台通过对内容赛道的不断细化来拓展优质内容的类型，并沉淀目标用户，形成社群圈子，这也是垂直型平台的优势所在。因此，这类平台的用户转化率更高，变现能力也更强，这就使得平台对内容的要求也越来越高，垂直、专业、小众的短视频成为这类平台的聚焦点。①

（三）综合型平台

这类平台主要以传统的在线视频网站为代表，其内容类型虽然仍以长视频为主，但是随着短视频行业的火热，近年来也纷纷转型发展短视频业务，如爱奇艺、腾讯和优酷视频，都相继推出了自己的竖屏短视频频道，通过各种方式来鼓励优质短视频作品的创作，以吸引更多的用户和流量。

这类平台的特点是内容制作精良，专业化程度高，品牌效应明显。其内容生产模式主要以专业化生产模式和平台内容自制为主，同时也鼓励非专业用户进行内容的创作和分享。

（四）资讯型平台

这类平台主要是以新闻资讯发布的新媒体平台为代表，其主要特点是内容选题与新闻热点实时联动，如今日头条、网易新闻、新浪新闻等。

为了更好地吸引用户，这类平台一方面借助于短视频的手段将资讯信息视频化，丰富内容的表现形式；另一方面，通过开辟短视频专区，为用户提供短视频上传和分享的平台，打造属于自己的短视频生态，以便实现用户的留存与相互转化。

二、短视频平台支持高校思想政治教育的可行性

（一）用户"出圈"实践为高校思想政治教育塑造亲和形象

"出圈"一词可以理解为某一形象或事件不再局限于原有的圈层范围内，得以在更大的空间中进行传播，获得更多人的了解和认识。高校思想政治教育的"出圈"增强了主流意识形态的传播力，提升了高校思想政治教育的亲和力。

一方面，各大传统主流媒体主动应变，冲破常规圈层，纷纷入驻各大短视频平台，通过借力平台的用户基础和技术优势等传递主流价值观，提升自身的传播力。例如，央视主持人就被网友们亲切地称为"央视天团"，他们在大学生群体中以其独特的人格魅力和过硬的业务能力极大地发挥着"国民偶像"的榜样示范作用，破除了以往严肃刻板的印象，引领着大学生群体形成正确的思想观念，厚植爱国情怀，正确处理好个人与社会、国家之间的关系。②

① 公伟宇. 网络短视频创作［M］. 武汉：华中科技大学出版社，2022.
② 李洁. 短视频时代高校思想政治教育的三维思考［J］. 林区教学，2023（5）：15-19.

另一方面，在短视频平台上一些高校官方账号通过短视频展示高校风貌、展现大学生日常生活、分享学习和生活经验等，并将大学生感兴趣的热点事件、存在的普遍现象及问题搬进课堂，实现教师和学生的深入沟通，从而吸引了更多的大学生积极主动地参与讨论。在这种平等、互动的交流方式中，高校思想政治教育更能"入脑""入心"，有利于加强短视频与高校思想政治教育课堂主阵地之间的联系和提升高校思想政治教育在大学生群体中的亲和力。

（二）泛知识化实践为高校思想政治教育积累传播经验

短视频的内容为满足更多用户的求知需求，正逐步向泛知识化转变，而短视频平台泛知识化的实践为高校思想政治教育积累了网络传播的经验。

第一，越来越多的短视频平台设置了专门性的知识板块。一个短至几十秒的短视频就可以完成大量信息内容的高频输出，这类浓缩了高密度信息且播放时长极短的短视频内容更具吸引力和冲击力，能够满足大学生群体获取大量资讯和知识的需求。短视频平台紧抓这一特点，纷纷增设相关知识模块，增加知识类视频的占比率。例如，抖音短视频就分为生活技能类、科普类、人文艺术类、教育类、体育类、职场类等几大类。

第二，在各大短视频平台上，不仅有民间艺人，还有各个领域的学者、教授等，他们以短视频的形式科普知识，形成多元主体参与创作的局面。这为高校思想政治教育在短视频平台的开展畅通了渠道。

三、短视频平台支持高校思想政治教育的必要性

（一）有利于推动高校思想政治教育形式的创新

短视频在高校思想政治教育融合中的直观优势就是传播形式生动，内容创新空间大。一个几十秒的短视频可以承载数千字的内容，并以生动简约的形式呈现出来，这是传统课堂教育和微信公众号等以文字、图片单项输送知识的教育形式所达不到的。而且，短视频平台更注重用户的互动性，软件自带的特效功能更符合年轻人探索未知、追求新事物的心理特征，这种更能展现个性的文化载体本身就足够吸引年轻人。

此外，短视频平台传播形式的多样性与个性化也推动思想政治教育的内容创新有更大的空间。同时，短视频平台在改变观众阅读习惯的同时，也在不断对内容进行创新加工。短视频平台可以从侧面反映出年轻人对思想政治教育理论的迫切需求，也为大学生走进思想政治教育打开了新的大门。

(二) 有利于提高大学生对思想政治教育的接受度

短视频用户中年轻人基数大、使用频率高，这是将高校思想政治教育内容融入其中的最大优势，可以达到传统课堂教育所达不到的教育规模和效果。① 例如，东京奥运会上，我国运动员精彩的表现被制作成短视频，在各大平台上迅速传播，极大地激发了大学生的民族自豪感与爱国情怀，发挥了思想政治教育在短视频中的育人价值。

短视频平台的算法推荐优势使教育者对受教育者能够更有针对性地实施渗透教育。短视频平台往往会获取用户相关信息，并根据浏览记录、内容偏好等进行内容推送，用年轻人喜闻乐见的方式传播思想政治教育内容，在潜移默化中影响大学生的思想观念和行为方式。

四、短视频平台支持高校思想政治教育的实践策略

短视频平台在高校思想政治教育中的运用，需要充分利用平台弘扬正能量，将"吸睛"的形式与"硬核"的内容相统一，完善短视频平台的监管机制。

(一) 正确利用短视频账号开展思想政治教育

高校相关部门要积极创建符合本校特色的账号，利用短视频平台弘扬正能量。要使思想政治教育内容内化为大学生的思想认知，外化为大学生的自觉行动，需要一个高效的平台，促进其由思想到行为的价值转化。

短视频平台无疑是科技发展、社会进步的时代性产物，对大学生的思想观念、道德观念等都会产生重要的影响。短视频平台的功能让其与高校思想政治教育产生内在的契合点。尤其是短视频深受广大学生喜爱的客观现实，说明其信息传播方式更加符合新时代青年的接受习惯、生活习惯。因此，高校应合理利用短视频平台，发布具有积极教育意义的视频内容，利用短视频平台信息内容传播快、生动活泼的基本特点，在大学生群体中激浊扬清。

(二) 结合短视频的"吸睛"和"硬核"进行思想政治教育内容设计

短视频平台要在高校思想政治教育中发挥作用，需要统筹形式与内容，力求形式"吸睛"，即采用大学生乐于接受、喜闻乐见的形式；同时，还要做到

---

① 任艳丽，陈界. 短视频流行文化对高校思想政治教育的价值探究 [J]. 文教资料，2023 (10): 59-62.

内容上的"硬核"，符合国家发展之需、社会进步之需以及大学生的全面发展之需。

短视频的内容和形式之间，是相互渗透、相互联系又相互促进的关系。一方面，要做到形式上的"吸睛"，给大学生提供更加有利的条件，打破传统思想中认为思想政治教育只是枯燥乏味的说教的错误认识，使大学生深刻了解高校思想政治教育与时俱进的特点，促进大学生思想政治素质的提升。另一方面，要做到内容上的"硬核"，符合国家发展之需、社会进步之需以及大学生的全面发展之需。

基于此，高校应在短视频的创作中，将科学思想、传统文化、助人为乐、爱国主义等正能量融入其中，以"接地气"的方式激发学生兴趣，将"吸睛"的形式与"硬核"的内容有机整合，让短视频平台为高校思想政治教育所用。

（三）完善短视频监管机制

针对短视频平台的管理，必须完善其监管机制，健全短视频平台的制度建设，为平台正能量的弘扬提供坚实保障。高校要高度重视思想政治教育工作，以有效利用短视频平台，为提高思想政治教育力度提供更有利的政策条件。

一方面，要建立健全工作合作机制，让不同部门、不同岗位的教师开展对话、加强合作，共同重视短视频平台在思想政治教育工作中的开发和利用；另一方面，建立健全考核评价机制，注重对短视频平台的监督和管理，加强审核工作，不断增强社会正能量的注入，弘扬社会主义核心价值观。具体来说，短视频监管机制可以通过以下方式来完善。

首先，要建立相关的领导机制，让短视频平台的运行有坚强有力的领导保障。具体来讲，高校应对短视频的思想政治教育应用加强领导、管理和审核。

其次，要建立健全短视频平台的审核机制。要想将短视频平台引入思想政治教育领域，应用于高等教育、培育时代新人的方向，高校就必须加强审核，建立健全审核和管理机制。尤其是发布的短视频内容，必须考虑大学生的身心特点和接受能力，加强对视频思想内容、音乐选取等整体表现的把控，确保短视频平台充分为思想政治教育所用。

最后，还要加强短视频平台在高校思想政治教育中的调控机制，既要不断增强大学生的自律精神，调动大学生的内部力量，同时还要加强监管，从内部和外部两个方面保障短视频平台在高校思想政治教育中的有效运行。

第五章 高校网络思想政治教育方法梳理

网络与思想政治教育的结合给高校和大学生带来了许多积极影响，改进了传统的思想政治教育模式，拓展了交流平台，为构筑健康校园奠定了基础。本章主要对高校网络思想政治教育方法进行梳理。

第一节 高校网络思想政治教育方法的影响因素与发展规律

一、高校网络思想政治教育方法的影响因素

（一）教育者因素

1. 网络的发展为思想政治教育工作者带来了新机遇、创造了新条件

互联网以其缤纷多彩的信息内容和独特的功能特点为当代大学生提供了新的教育阵地，如"校园网""虚拟教室"等，高校网络思想政治教育工作者可以利用这些特点，改变传统的以教师为主体，以课堂为主要形式的教学模式。

2. 网络对思想政治教育工作者提出了新的要求

教育者虽然在网络思想政治教育过程中的地位和身份没有本质变化，但就具体教育内容和工作要求来说，网络的发展对教育者提出了新的要求。

第一，教育者需要在多元化的价值观念和意识形态中不断巩固和强化马克思主义者的基本观点和立场方法，牢固树立思想政治教育的支撑点。

第二，教育者如果不能很快地适应互联网带来的新变化和新形势，教育效果就会大打折扣。因此，教育者应不断学习新的互联网知识，不断应用互联网新技术丰富自己的教学课堂。

第三，思想政治教育工作者的教师权威与大学生个性的冲突越来越明显。

这就要求教育者充分重视网络平等性特征带来的这一变化，最大限度地克服其消极面，吸收其中的积极因素。

第四，教育者需要不断拓宽视野，只有这样，才能更好地理解学生的需求和困惑，给予他们恰当的引导，才能为学生的成长助力。

（二）受教育者因素

1. 网络给受教育者带来的积极影响

当代大学生对网络有着浓厚的兴趣和追求。网络为他们展示了一个自由、开放的世界，这大大激发了大学生的求知欲和想象力，使他们更富有创造性和开拓性。同时，通过网络媒体，大学生与同龄人的距离缩短了，这使得当代大学生展现出前所未有的时代风貌。

2. 网络对受教育者产生的消极影响

网络对受教育者来说，也有不容忽视的消极影响。

（1）网络无边界，网络的使用可跨越时空，这一特点既能增强大学生的"地球村村民意识"，同时也容易使大学生受网络中消极因素的影响。

（2）网络的虚拟性特征容易导致受教育者道德法律观念的淡化。虚拟性特征为受教育者更直接地表达自己的情感提供了平台，有助于其宣泄情绪，但真伪难辨的网络信息也可能会影响大学生的思想品德行为，削弱了他们对深层问题的自觉思考，容易导致更多的不良行为的产生。[1]

（3）网络生活的虚拟性容易导致大学生虚拟人格的形成。随着网络的日益普及，出现了数量巨大的"网民"，在这个"虚拟世界"中，没有了传统的时间和空间的界限，"网民"身份的隐蔽性增强，这容易导致涉世不深的大学生容易形成现实世界和虚拟空间中的双重人格，这些反差过大的双重人格不利于大学生的健康成长。

（4）网络世界对受教育者的生存能力也会造成不良影响。一些沉溺于网络虚拟世界的大学生，会把"网络社会"当成逃避现实的避风港，形成与现实的隔阂，进而导致人与人之间感情联系淡薄。网络生活的虚拟性与现实社会的反差容易使一些大学生对现实充满失望、误解，从而形成不健康的心理。

（三）教育内容因素

1. 教育内容的形式由平面化走向立体化

相对而言，思想政治教育的内容具有平面性的特点，静态内容居多，相对

---

① 章羽. 论非理性因素对高校思想政治教育的影响 [J]. 湖北社会科学，2023（4）：148-155.

比较狭窄，教育内容与教育目的具有一致性、趋同性，教育者可以根据既定的培养目标和方案选择相关教育内容，有目的、有针对性地对教育对象进行教育。进入网络时代，大学生通过互联网的交互与了解，听到的不仅仅是中国的声音，而是全球的声音；熏陶的不仅仅是中国传统文化，而是世界文化的交融。

2. 教育内容的内涵由通俗化走向科技化

长期以来，我们对思想政治教育内容的内涵已形成了相对稳定的通俗表达。但由于网络所特有的虚拟性、综合性、开放性等特征，其内容涵盖了世界各种文化背景国家的意识形态和价值观念，极大地开阔了人们的视野，使思想政治教育内容变得丰富而全面，并且具有客观性和可选择性。教育者在如此浩瀚的网络海洋中充分占有信息已变得不可能，必须借助科技的力量进行分析、综合、归类和取舍，增强思想政治教育的科技化程度。

（四）网络环境因素

一方面，网络的开放性使信息繁多且复杂，其中既有积极的思想内容，也有不良信息，这就在无形中增加了教育的难度。另一方面，网络的互动性为思想政治教育提供了新平台，但也容易导致信息的传播难以控制。

（五）硬件投入因素

这主要取决于各高校对网络思想政治教育在硬件上的投入，是否建立了专门的思想政治教育网站，有没有专人维护和管理，能不能满足师生在网络中的交流需求等，这些都会影响到思想政治教育效果。

（六）社会性因素

社会价值观的多元化，使得学生在网络中面临各种观念的冲击，因此，教师在教育方法上需注重辨析引导。同时，社会热点问题在网络上的迅速传播，在为思想政治教育提供契机的同时，也要求教育者对学生及时回应、正确引导。

二、高校网络思想政治教育方法的发展规律

（一）体现大学生思想政治教育模式的主体性规律

高校网络思想政治教育模式中的主体性规律表现在两个方面：一是网络和进行网络思想政治教育是受教育者主体性地位的前提保证和平台；二是作为大

学生，充分发挥其积极主动性，才能在一定程度上保证高效、高质量的思想政治教育活动的发生和进行。

（二）体现大学生思想政治教育模式的互动性规律

大学生思想政治教育模式的互动性也是网络学习的本质规律之一，它的互动性主要表现在以下几方面。

第一，受教育者与受教育者之间的互动。当前的网络技术有利于发挥协作式学习，为诸多学习者进行小组讨论、合作学习提供支持，创造出一种知识互惠、信息共享、情感交流的环境。有些学校自主设计的学习软件不仅能即时进行思想教育传播，而且在完成理论基础教学的过程中，学生能在遇到困难时得到其他同学的帮助。

第二，受教育者与网络教师之间的互动。网络教师可以是自己身边的老师，可以是提供网络服务的教师，还可以是世界各地学有所长的人。

第三，受教育者与教学空间、思想政治教育资源间的互动。

（三）体现大学生思想政治教育模式的创新性规律

在网络文化背景下的高校思想政治教育创新，就要求创新教育模式。高校思想政治教育模式的创新性主要体现在以下几方面。第一，各大媒体进网络。例如，在高校中，校报校刊等采用电子版形式，开设新闻时事、政治经济、改革发展、环境保护、人文科技、文明道德等板块，弘扬科学文明健康的主题。第二，理论学习进网络，即通过建设理论学习园地、形势政策教育、素质教育、毕业生就业指导、规章制度、综合测评、学生动态等网页，建立网上思想政治教育阵地。第三，心理咨询进网络，网络心理咨询能消除咨询者面对面时的心理压力，更容易获取咨询者真实的心理信息，使心理咨询更具有实效性。第四，精神文明进网络，在网上开展精神文明创建活动，发展精神文明建设新成就，进一步巩固学校的精神文明成果，增强精神文明建设的辐射力。第五，素质教育进网络，推进思想政治教育进网络，必须坚持以人为本，不断满足广大学生的需求，增强网络的吸引力和竞争力，全面提高学生的综合素质。

第二节　高校网络思想政治教育方法的功能与实施原则

一、高校网络思想政治教育方法的功能

(一) 宣传引领：主流意识形态宣传以及价值引领

做好高校思想政治教育工作，就要充分发挥高校网络思想政治教育的宣传引领功能，顺应时代的发展，宣扬主流意识形态。高校网络思想政治教育的阵地建设，需要以网络为载体，对高校师生进行主流意识形态教育，引导他们树立正确的世界观、人生观和价值观，明确自己的奋斗目标，将学生培养成有理想、有担当、有纪律的社会主义合格建设者和可靠接班人。高校网络思想政治教育作为一种新型思想政治教育方法，其内在的实践导向对培养大学生的思想道德规范和价值观念具有重大指导意义，这正是高校网络思想政治教育宣传引领功能的重要功能。

(二) 教育引导：教书育人以及引导成才

高校网络思想政治教育的教育引导功能主要体现在以下两点：一方面，高校可以将传统的课堂教学内容通过互联网进行传授，以互联网的形式进行信息转换，使学生更容易接受，并在网上对学生提出的问题进行解答，使教育得到全过程、全要素的体现，达到教书育人的目的。另一方面，高校网络思想政治教育的网上教学，可以将学生的学习与老师的教学结合在一起，通过网上交流促进教师与学生之间的沟通和互动，消除师生间的心理距离，使思想政治教育取得良好效果，同时也为老师提供了一种新的教学方式。

(三) 答疑解惑：解答疑问以及疏解困惑

答疑解惑的功能是高校网络思想政治教育比较直接、实际的功能，因为它能够贴近学生的学习生活，对于突出的问题给予最直接的回应。由于网络思想政治教育具有隐蔽性的特点，所以学生愿意借助网络平台说出自己的疑问或困惑，这就为学生心理问题的预防与解决，提供了一种科学的方式，更有助于学生生理、心理的健康。高校应该高度重视网络思想政治教育的答疑解惑功能，

为学生健康成长提供强有力的保障和支撑。①

（四）文化育人：营造良好的网络氛围

高校网络思想政治教育的文化功能主要包括文化交流功能、文化创新功能和文化整合功能三个方面。首先，高校网络思想政治教育的文化交流功能主要体现在通过网络传播先进文化，以中国特色社会主义主流文化为主导，建立和谐的校园文化。其次，高校网络思想政治教育的文化创新功能主要表现为高校网络思想政治教育应不断改革、不断创新，以适应时代的发展趋势，适应大学生的学习习惯，满足大学生的需求。最后，高校网络思想政治教育的文化整合功能体现为教师整合不同的价值观念，引导学生树立正确的世界观、思想观和价值观，构建起具有共同价值追求的理念体系。

二、高校网络思想政治教育方法的实施原则

（一）方向性原则

在网络思想教育过程中，教育者必须站在党和人民的立场上，坚持以马列主义重要思想为指导，坚持党的基本路线和基本方针，弘扬中华民族的优秀文化，不断丰富网络中的思想政治信息，增强大学生对改革开放和现代化建设的信心。坚持这一正确的思想政治教育方向，网络思想政治教育成果在一定程度上可以获得保证。

（二）服务性原则

第一，网络思想政治教育者要从大学生的内在需要出发，从大学生的具体事务出发，面向每个学生，尊重、关心、教育、引导好大学生，激发大学生的内在动力，为其成长和成才创造有利条件，最大限度地满足大学生成长和成才的需要，促进大学生各项素质的全面发展。

第二，网络思想教育不能是空洞的说教，贴近大学生的生活实际，充分运用网络手段为大学生服务，大学生便会认可和接受它，大学生参与的积极性与思想政治教育的质量也能获得提高。

第三，网络思想政治教育要想真正收到实效，就需迎合学生心理，采取多样化的宣传教育手段，充分发挥多媒体的特性和优势，使网络思想政治教育内

---

① 栾闯．高校网络思想政治教育的功能及其实现路径［J］．中国军转民，2023（18）：116-117.

容的形态从平面走向立体，从静态变为动态，从抽象变为具体，从枯燥变为有趣。

（三）教育与自我教育相结合原则

网络思想政治教育者的作用是提供良好的外部条件，把教育的内容通过适当的方法传授给大学生。大学生在网上的自我教育意识和自我教育能力，需要在网络思想政治教育者的影响下形成和发展。在一个教育氛围浓厚的网络环境中，大学生的自我教育能动性就会增强。

同时，互联网给了大学生更大的自主性和能动性，因此，网络思想政治教育者尤其要注意大学生的自我教育，使大学生的主体作用得到发挥。一方面，要通过主导教育为大学生指出正确的方向，确定正确的内容。另一方面，要给大学生更多的自我教育机会，促使他们通过反省、反思等自我修养途径，提高思想政治水平。大学生的自我教育是衡量网络思想政治教育是否有效的标志之一。

（四）疏与导相结合原则

思想政治教育者对疏与导相结合的原则必须辩证地加以把握，不能走向极端。疏通是解决大学生思想问题的前提，是引导的必要准备。引导是疏通的必然结果，是疏通的目的之所在。因此，在网络思想政治教育实践中，必须疏导结合。思想政治教育者要了解大学生的真实思想，有针对性地给予正面引导，提高其辨别是非的能力，将大学生引导到认同社会主义的主流意识形态和正确的道德观念上来。

（五）平等性原则

网络思想教育应坚持平等性原则，注重平等的引导和熏陶，切忌说教式教育。在互联网这一开放的、以自由和平等为理念、共享性强的交互式空间中，思想政治教育者不是高高在上的思想权威，传统的说教式教育已难以真正地影响在思想上、心理上都趋于成熟的大学生的思想和行为。因此，网络思想政治教育应充分尊重学生的主体性地位，坚持平等性原则。

第三节 网络自我教育方法

一、网络自我教育方法的内涵与应用原则

（一）网络自我教育方法的内涵

自我教育是思想政治教育对象根据社会标准和道德规范自觉进行的，反映了主体意识上的一种主动、自觉。

运用网络自我教育，能使个体在网络环境中，自觉地利用网络资源，主动规划、组织和实施自我学习、自我提升以及自我道德和价值观塑造等一系列活动。它是自我教育在网络时代的新形式，通过网络的便捷性和丰富性，个体能够独立地进行知识获取、技能培养和思想进步等教育行为。

从总体上来说，大学生的思想状况是积极向上的，他们热切关注国家的命运和社会的发展，有强烈的爱国热情。大学生们正处于智力、思维能力、身心快速发展的时期，他们的主体意识在不断增强，独立思考和判断的能力也在不断增长。自我教育是大学生通过自觉的内心体验进行自我学习与自我反思，是思想政治教育最终要落实的目的和归宿。

在网络时代，教育者与受教育者之间的平等互动关系极大地提高了受教育者的主体地位，使自我教育的主导性得到了充分显现。网络自我教育方法的内涵丰富而深刻，它以信息获取的便捷性与丰富性为基础，彰显学习自主性，促进学生的互动交流与个性化发展，并对社会文化产生积极影响。

（二）网络自我教育方法的应用原则

应用网络自我教育法，要遵循一定的原则。

1. 实事求是的原则

要根据自身的情况对自己进行自我剖析、自我反思和自我检查。

2. 端正态度的原则

教育主体要端正和激发客体自我教育的动机，帮助教育客体树立良好的道德思想，进而帮助教育客体实施正确的行为。

3. 互相借鉴的原则

群体自我教育和个体自我教育不是对立的、孤立的，而是相互联系的、互相借鉴的。

遵循这些网络自我教育方法的应用原则，能够帮助学习者在网络中更好地规划学习路径、优化学习过程、提升学习成果，从而在人生的发展过程中稳步前进，达成个人成长与发展的目标。

二、网络自我教育方法的类型

（一）网络素养提升法

网络素养提升法是学习主体在网络环境中所采取的自我道德教育和自我道德完善的方法。大学阶段是大学生世界观、人生观、价值观形成的重要时期，对大学生的网络素养教育是经济时代和信息社会的大环境所决定的。

网络素养是信息社会中每个大学生都应具备的品质。大学生要学会自我认知、自我学习、自我管理、自我约束，要学会以正确的态度对待网络信息，要有较强的信息获取能力、信息传递能力以及信息处理能力，能够使用网络、驾驭网络。大学生只有勇于开拓、与时俱进、不断创新，明辨是非，遵守规范，诚实守信，才能做出正确的选择与判断，形成良好的网络素养。

对大学生网络素质的培养，需要高校网络思想政治教育工作者积极引导大学生确立正确的网络认知，重视大学生的主体自省与自我构建，不断提升大学生的人格、修养、气质，不断启发大学生进行自我思想政治教育的自觉性，提高网络自律意识，树立正确的网络道德观念。

（二）网络实践法

网络实践法是利用网络模拟现实实践的内容，提供较为真实的情境，达到现场亲身实践的效果。网络实践法可以检验课堂教学，弥补现实中客观条件的限制与不足。例如，大学生可以在网上参加"走进西柏坡""再上井冈山""重走长征路"等虚拟实践活动。网络实践可以使大学生走出象牙塔，将自己所学的知识与社会需求结合起来，不断认识社会、了解社会、锻炼自己。

大学生网络思想政治教育要在实践的基础上达到思想与行为的辩证统一，实现虚拟与现实的有机联动，就要引导学生充分发挥主观能动性，给他们提供更多的自我教育机会，充分发挥学生的主体作用，将自我教育贯穿到日常的学习、工作和生活中。高校思想政治教育工作者要把解决大学生的思想问题与解决实际问题结合起来，通过开展网络思想政治教育知识竞赛、社会调查、演讲比赛等，提高大学生的网络法治意识。

在网络实践中，学生需要自己安排时间、制订计划、选择活动，这有助于培养他们的自我管理能力。通过网络实践法，学生可以在更加丰富多彩的活动中接受思想政治教育。

第四节　网络环境优化方法

一、高校思想政治教育网络环境的现有特点

（一）开放融合度高

高校思想政治教育网络环境并不是封闭且保守的，它与社会网络环境一样具有开放性，只不过这种开放性是相对而言的。高校思想政治教育网络环境的开放性能够最大限度地引进先进的思想政治教育理念与成果，同时还能够将学校的思想政治教育发展近况与特色及时向外界公开。

（二）虚拟性与现实性相融合

网络环境具有虚拟性，高校思想政治教育网络环境中也存在虚拟性特点。高校思想政治教育网络环境的逐渐壮大，实际上是虚拟性与现实性相统一的结果。换言之，高校思想政治教育的网络主体为大学生，所服务的也是现实意义上的教育，因而高校思想政治教育网络环境中会有现实的教育目标和教育理念，当思想政治教育网络空间与现实空间无法衔接时，学生主体思想便会受到影响。因此，高校思想政治教育网络环境建设不应脱离现实情况，应该体现出虚拟性与现实性相结合的特点，保证良好的思想政治教育效果。

（三）发展潜力较大

高校思想政治教育网络环境并非一成不变，而是会随着社会发展变化而变化，具有时代性和发展性特征。高校思想政治教育网络环境也要遵循时代发展脚步，与时俱进，不断丰富网络内容，创新网络教育理念，为高校思想政治教育的网络化构建良好体系。同时，社会的发展变化也在不断赋予网络环境以新

任务和新使命，这说明高校思想政治教育网络环境的发展潜力较大。

二、高校思想政治教育网络环境的优化原则

（一）积极性原则

积极性原则主要表现为在开展和实施高校思想政治教育时，应尽一切力量调动和发挥网络积极向上的因素。纵观整个网络环境，要始终坚持不懈地收集和提供高质量的信息资源和充满正能量的思想成果，在最大范围内将网络思想政治教育环境的渗透作用调动起来，构建一个充满知识魅力、人格魅力、艺术魅力的网络思想政治教育环境。

（二）创造性原则

网络思想政治教育呈现出一种灵活的网络状模式，囊括传统的互动模式和新型的多向互动模式。这是网络思想政治教育在传播方式和运行中的一种创造。在传统互动模式基础上，网络思想政治教育模式极大地拓展了互动的范围与深度。新型的多向互动模式打破了传统的单向传播与简单的双向互动的局限，实现了多主体、多层面的交流互动。

网络思想政治教育可以切实构建和谐平等的互动平台，使教育者和受教育者更加心灵相通，引导受教育者在无形之中达到有效的知行转化。

（三）实践性原则

社会生活的存在与发展以实践为基础，人们通过开展实践活动，能够创造出社会文明，体现出人的价值。基于此，我们可以认为，高校思想政治教育价值要充分实现，首先要将实践作为其根本路径。

实践性原则要求高校思想政治教育工作者要能够科学利用网络平台，以深入的分析方式对学生进行教育，给予学生一定的引导。同时，要不断丰富网络正能量的传播形式与内容，寓价值观引导于知识传授之中。

三、高校思想政治教育网络环境的优化方法

（一）建立健全网络规则机制

1. 构建网络思想政治教育约束机制

高校应在不断完善网络管理规章制度的过程中，对大学生的思想进行正确

引导，对其网络行为进行约束，从而抵制不良信息对大学生的消极影响。与此同时，可以设置一定的惩罚制度，对大学生的网络行为进行严格规范，使其自觉树立恰当的网络道德观念，增强自我监督能力和自我约束能力，形成有效的网络管理制度体系。

2. 构建网格化管理机制

通过政府牵头，各高校、社会组织共同加大对高校思想政治教育 App 的研发力度，不定期地对网络信息进行筛查，将网格化管理理念应用于高校网络思想政治教育工作中。简而言之，就是要发挥政府、高校、社会组织等多方力量形成巨大的合力，建立正当化、规范化和系统化的网络规则秩序。

（二）强化高校网络舆情监管

1. 重视"中国声音"的表达

高校思想政治教育工作者要在思政课上发出"中国声音"，倡导弘扬"中国精神"，在传授专业知识同时加强立德树人。

2. 建立分层管理制度

从舆情管理角度，高校可以建立"分级负责，院系管理"的舆情管理制度，针对不同种类的网络事件，按照"分级管理、区别对待"的原则，进行管理，引导网络舆论正向传播。

3. 建立校园舆情监察站

网络舆情的管理需要管理技术的不断升级。高校的网络技术团队应该从思想上变被动为主动，主动关注社会与校园舆情，发现可能引发网络舆情的风险所在，积极建立预警性的校园舆情库，通过加强对网络舆情的预警判断，做到未雨绸缪。

（三）建设和完善网络思想政治教育平台

1. 建设和完善专门的思想政治教育网站

高校建立专门的思想政治教育门户网站，通过将教学内容转化为短视频等形式进行发布，打造亲和力较强的思想政治教育空间。同时，高校应不断检测自身思想政治教育网站的运营状况，及时发现运营过程中出现的问题，并进行优化、完善，创造更好的思想政治教育网络环境。

2. 将具有积极意义的社会热门事件引入校园

高校应借助相关的社会热门事件积极与学生进行交流并加以引导，真正实现内外联合。高校应对大学生所关注的热门话题进行一定的筛选，选择影响大且合适的话题，积极开展与大学生的互动，并在互动中进行正确的意识形态引导。

第五节　思想政治教育主题网站辅助方法

一、高校思想政治教育主题网站的界定

高校思想政治教育主题网站与高校网络思想政治教育之间有着密切的联系。

高校网络思想政治教育是高校管理者在充分利用计算机网络、多媒体技术和现代传播技术等手段的基础上，紧密结合当代大学生的思想和心理特点所进行的新的思想政治教育的方法。它通过校园网络建设和网络思想政治教育信息的制作、传播和控制，从而实现用正确、丰富、生动的网络信息影响大学生。这种网上互动式的虚拟教育活动符合大学生认知和接受的规律。

而高校思想政治教育主题网站作为高校网络思想政治教育中的主要形式，是高校按照网络运行的规律和法则，以校园网为传播中介，通过丰富的教育内容和多样的教育形式，对学生进行的有目的、有计划、有组织的网络思想政治教育活动，引导他们树立正确的人生观和价值观，提高他们的思想政治素质，增强他们对是非真伪的辨别能力。

二、高校思想政治教育主题网站的传播特点

（一）信息传播的确定性

高校思想政治教育主题网站的主要目标是宣传主流思想，引导大学生树立正确的世界观、人生观、价值观。因此，高校思想政治教育主题网站传播的信息应与主流思想相一致。因此，高校思想政治教育主题网站必须高度重视信息传播的准确性，通过严格审核机制、提高编辑人员素质、加强与学生的互动交流以及定期更新和维护网站等途径，为学生提供准确、清晰、权威的思想政治教育信息，切实发挥网站在高校思想政治教育中的重要作用。

（二）传受群体的特殊性

与一般网站不同的是，高校思想政治教育主题网站的传受双方都是"校园人"，都具有较高的知识涵养，对新生事物的接受能力都比较强。因此，主

题网站传受群体的特殊性为教育双方在思想上达成共识提供了条件。①

（三）传播方式的多样性

高校思想政治教育主题网站，作为集文字、图像、图形、声音等信息于一体的综合性传播媒介，可以弥补传统思想政治教育中的局限，丰富教育的形式，把教育者无法单纯用语言表达的思想情感通过声像、动画等多种手段形象地表达出来，使大学生们感知的信息更为全面、深刻。由此可见，高校思想政治教育要引起学生的兴趣，就需要充分利用网络媒介，以声色俱全、图文并茂的网络教育方式提高高校思想政治教育的效果，从而达到教育的目的。

（四）教育空间的超时空性

高校思想政治教育主题网站能以其时空的压缩性和信息内容的海量性，为思想政治教育提供教育信息。不仅如此，教育者和受教育者还可以对这些教育信息进行多次重复的使用。由此看来，高校思想政治教育主题网站具有超时空性，学生无论何时何地都可以访问网站，获取思政教育资源，从而便捷地学习。

三、高校思想政治教育主题网站建设方法探究

（一）强化主题网站建设重要性的认识

高校思想政治教育主题网站建设必须坚持"以人为本"的理念。网站在建站之初就要在栏目和内容设置上体现出尊重学生、关心学生、爱护学生、服务学生的特点，为学生的学习生活创造条件。同时，在网站建设中必须明确工作原则和思路，加强网络管理，树立阵地意识，运用信息网络技术的优势加强主流网络阵地的建设。总之，深刻认识思想政治教育主题网站建设的重要性，是适应时代发展需求、推动思想政治教育创新与发展的必然要求，对构建社会主义和谐社会、培育时代新人具有不可替代的重要作用。

（二）加强主题网站信息内容和形式的建设

1. 主题网站的内容要切合实际、充满活力

高校思想政治教育主题网站的内容要充分考虑到大学生群体所关注的热点

---

① 梁丽丽. 高校思想政治教育网站建设和管理模式构建［J］. 电脑知识与技术，2023，19（21）：76-78.

问题，专题内容要以大学生易于接受的形式来建设，以增强文章的可读性、易懂性，提高网站流量。同时，要让网站"动"起来，即运用文字、图片、音频、视频等现代化技术手段，多角度、多层次地报道信息，从而形成"集束效应"，赢得大学生的关注，提高网站的影响力。

2. 实现主题网站的良性互动

探索网络思想政治教育工作，加强对网络的应用，是高校思想政治教育工作不可避免的新趋势。我们要依据科学技术的进步所带来的网络变化，采取事半功倍的工作方法，实现高校思想政治教育主题网站的良性互动。

（三）加强高校网络思想政治教育队伍建设

高校网络思想政治教育工作者对于提高高校思想政治教育的针对性、实效性以及发挥网络思想政治教育的吸引力和感染力至关重要。从事高校网络思想政治教育的工作者要主动提高自身的思想政治素质和业务素质，切实把加强和改进大学生思想政治教育的各项任务真正落到实处。

提高网络思想政治教育工作者的教学效果和水平，关键要加强其业务知识的学习，不断提升其业务素质。网络思想政治教育工作者的能力和水平不仅关系到教师的威信和地位，也在某种程度上影响着学生的理想信念。增强网络思想政治教育工作者的业务素质，是提高思想政治教育效果的有效途径。

（四）增强主题网站长效管理机制和工作机制

1. 制度管理方面

规章制度作为高校思想政治教育主题网站安全管理的一项核心内容，应贯穿始终。高校思想政治教育主题网站的安全管理制度应包括确定安全管理等级和安全管理范围，制定有关网站操作使用规程，制定网站系统维护制度和应急措施等。

2. 人员管理方面

在思想政治教育主题网站建设中，人员管理至关重要。首先，应组建专业的管理团队。技术人员应确保网站的稳定运行，编辑人员则要负责内容的更新与审核。其次，对相关人员定期进行培训，提升其思想政治素养和专业技能。

3. 危机管理方面

建立和完善网络故障应急处理预案，制定并实施系统备份方案，做好系统的完整数据备份。同时，实施24小时的网络监控值班制度，确保事故处理的每个环节都到位，做到有备无患，保证网站安全稳定地运行。

第六章　高校思想政治教育网络化方法实践

网络技术的发展促进了社会的进步，同时也深刻影响着当代高校大学生的学习与生活。网络是当前大学生信息获取与交流的重要方式，可以说，网络在大学生的日常生活中扮演着重要角色。然而，网络是一把"双刃剑"，在为大学生带来便利的同时，也隐藏着许多安全问题。因此，本章对高校思想政治教育网络化方法实践问题进行了分析与探讨。

第一节　高校网络道德教育方法实践

一、高校网络道德教育概述

（一）网络道德的含义

网络道德是个体在网络社会中秉持的良好价值观念以及必需的行为规范的集合，是网络社会中衡量个体行为正当与否的基本准则。

（二）高校网络道德教育的含义

作为社会意识形态的重要组成部分，道德产生于人们调节社会群体内部各种关系以维护一定社会秩序和自我发展的需要，是经济基础或经济关系的产物。

人的道德品质的形成除了靠自身耳濡目染的、有意识的自我道德训练外，很大方面也是基于外在的世界观、人生观及价值观教育。因此，为了引导高校大学生形成高尚的道德品质，必须以社会主义核心价值观为内容，通过潜移默化的教育，培养大学生正确的世界观、人生观、价值观。

高校网络道德教育能培养学生正确的网络道德认知、良好的网络道德情感、坚定的网络道德意志。

从教育内容来看，包括网络法律法规教育，能使学生明确网络空间的行为边界，知晓哪些行为是合法合规的，哪些行为是违法违规的；网络道德规范教育，能教导学生遵循基本的道德准则；网络价值观教育，能引导学生形成正确的网络价值取向。

从教育方式来看，高校网络道德教育包括课堂教学，可通过专门的网络道德课程或在思想政治教育等相关课程中融入网络道德教育内容，系统地传授网络道德知识；校园文化建设，能营造健康积极的校园文化氛围，让学生在参与各种校园文化活动的过程中深化对网络道德的理解；网络平台引导，能利用学校官方网站、论坛、社交媒体账号等网络渠道，发布网络道德教育资源、案例分析等，使学生在日常网络使用中获得潜移默化的教育。

二、高校开展网络道德教育的必要性分析

（一）对大学生网络道德行为予以规范的需要

网络社会的快速发展，为当代大学生的全面发展提供了有利条件，也对大学生的思想状况和行为规范产生了重要的影响。方便快捷的网络技术使得大学生开阔了视野、创新了思维、提升了知识水平和学习能力。与此同时，网络信息纷繁复杂、良莠不齐，世界观、人生观、价值观尚未定型的大学生对不良信息缺乏甄别能力，很容易造成网络道德失范问题。加强高校网络道德教育，规范大学生网络道德行为，促进大学生全面健康发展，是新时期高校教育者一项必要而紧迫的任务。

（二）适应网络社会发展的内在要求

网络技术使整个社会生产、人们的物质生活和精神生活方式都发生了极大的变化。网络生活群体的低龄化、网络商业发展先于道德建设等是网络社会发展的显著特征，而虚拟现实性、平等开放性、多元共享性和慎独自律性是网络社会道德的基本特征。

自由开放的网络环境在提供丰富信息资源的同时也夹杂着大学生难以甄别的不良信息，很容易在大学生成长方面产生负面效应。由此可见，网络社会的开放性、虚拟性、自发性等特性要求高校应加强网络道德教育，以适应网络社会发展的内在要求。

（三）符合高校思想政治工作创新的要求

高校是为国家培养高素质人才的主阵地，做好大学生思想政治教育工作、促进大学生的全面发展是党和国家交给高校的重要政治任务。高校的思想政治工作应随着社会的发展要求不断与时俱进、开拓创新，适应新形势、解决新问题。进入网络时代，纷繁复杂的网络社会环境给高校思想政治教育工作带来了新的挑战，高校学生的网络道德教育问题成为高校思政工作的重要部分，积极探索大学生网络道德教育的方法和途径，是实现我国高校思想政治工作方式的创新过程。高校应根据网络社会的特点，及时增加和创新网络道德教育的内容，尊重网络社会的客观规律，改变原有的思想政治教育形式，开拓网络道德教育的新领域。高校应积极引导学生正确对待网络信息，培养其独立思考与价值判断能力，这样可以提升思想政治教育工作的针对性与实效性，使思想政治教育工作更贴合学生网络生活实际，推动高校思想政治教育工作与时俱进，适应时代发展的新要求。

三、高校网络道德教育方法梳理

在如今快速发展的信息时代，如何结合时代特点将德育工作与网络融合的问题，摆在了我们面前。笔者从自身实践出发，梳理了一些高校网络道德教育方法。

（一）坚持正确的舆论导向

网络文化凭借先进的数字技术和网络技术，将人类社会推入到一个"文化价值观激烈碰撞"的时代。[①] 传统文化与现代文化、主流文化与非主流文化、本土文化与西方文化中所蕴含的文化价值和文化精神，以不可阻挡的强势之态冲击着大学生既有的价值观念，强烈地影响和改变着他们的道德意识、角色认知、心理状况和学习范式，使得心理尚未完全成熟的大学生在价值取向上呈现出多元态势，引发了一些心理上的问题。尤其是一些大学生深受不良网络文化的影响，弱化了思想道德意识，模糊了思想道德边界，阻止了优秀传统文化的推广。

鉴于此，高校思想道德教育工作者要充分利用互联网平台，通过加强校园思想道德教育网站建设、掌握网络舆论主导权等形式，积极占领网络文化的制高点，用正确的舆论引领网络宣传阵地。

---

① 冯永刚. 互联网时代高校德育工作者的"有为"与"无为"[J]. 当代教育科学，2019（4）：63-66.

一方面，用先进的、优秀的文化占领网络阵地，继承、传播和弘扬既适应大学生年龄特征又符合时代特征的价值观念和道德思想，坚决抵制各种腐朽思想的侵蚀，引导大学生树立科学、正确的价值观，养成文明、健康的生活方式。

另一方面，加强社会主义主流意识形态的宣传和教育，大力弘扬和培育民族精神。高校可以利用官方网站、论坛等校园网络平台，开设相关内容的专栏，定期发布理论文章、先进事迹报道等内容，引导学生深入学习探讨；同时，借助新媒体手段，制作短视频、动漫等，以生动有趣的形式展现社会主义核心价值观内涵与民族精神的精髓，从而吸引学生主动关注分享。

（二）丰富高校网络德育内容

网络德育内容是构成网络德育生态化系统的重要组成部分。面对复杂、多变的网络环境，高校德育工作者必须紧跟时代步伐，紧抓时代机遇，充分利用网络科技成果，不断丰富和完善德育教育内容。

第一，坚持以社会主义核心价值观为引领，提升大学生的价值判断和道德涵养。大学生的成长成才和全面发展，离不开正确价值观的引领。高校网络德育工作必须充分发挥社会主义核心价值观的引领作用，通过强化教育、悉心引导、氛围熏陶、实践养成等方式，将社会主义核心价值观融入大学生日常学习和生活中。

第二，加强大学生的道德教育。当今时代，文化的多元、观念的碰撞、价值的差异以及行为的多样，在一定程度上引发了大学生群体的道德问题。因此，加强大学生的道德教育已刻不容缓。一方面，将加强大学生道德教育融入课堂教学中。道德教育作为大学生思想政治教育的重要组成部分，必须充分发挥思政课的主阵地和主渠道作用，在课堂教学中突出道德教育内容，注重对大学生道德意识的培养和公民素质的提升。另一方面，将加强大学生道德教育与校园文化建设紧密结合起来，充分利用校园文化的隐性教育功能，为大学生营造符合个体身心发展需要的文化氛围，在潜移默化中完成大学生道德规范的内化和道德素养的提升。

（三）开发网络课程资源

高校思想道德教育工作者要借助互联网的资源与手段，改进思想道德教育工作。

一方面，利用网络信息便捷、迅速的优势，精心组织和设计网络思想道德教育内容。按照网络知识的逻辑体系和大学生的认知规律，高校思想道德教育工作者要及时更新课程内容,将紧密联系社会生活和贴近大学生思想实际、反映思想道德教育研究的最新成果和前沿动态纳入思想道德教育课程,增强道德教育内容的时代感和前沿性,建立融思想性、科学性和系统性为一体的思想道德教育内容体系,彰显网络思想道德教育的生机与活力。

另一方面,开设网络课堂,寓教于乐。为了活跃课堂气氛,高校思想道德教育工作者还要紧密结合思想道德教育内容,加强网络课件和网络教材的编写,特别是制作形式多样、丰富多彩的网络课件,并辅之以丰富的动画、悦耳的音乐、精美的视频,集文字、数据、声音、图像等多媒体信息于一体,依托网络平台构建交互性的教学模式。同时,还可以融入趣味竞赛元素,开展网络道德知识问答竞赛,设置不同难度等级的题目,对表现出色的学生给予奖励,以激发他们的学习积极性,使其在轻松愉悦的氛围中提升网络道德素养。

(四) 创新高校网络道德教育方法,开辟网络道德教育新平台

首先,构建网络德育新平台。高校可整合校内网络资源,打造集教育、交流、实践于一体的综合性平台。该平台设有知识学习板块,以图文、视频等形式呈现网络道德理论与案例;互动讨论区能方便师生针对网络热点话题展开交流辩论;实践活动模块可以发布网络志愿服务、文明上网倡议等内容,鼓励学生参与并记录成果。同时,教师可利用平台提供的大数据分析学生学习轨迹,为个性化德育方案的制定提供依据,真正使网络成为高校德育的有力阵地。

其次,充分挖掘网络德育新平台的互动模式,增强新平台的实效性和功能性。为了提高网络德育的实效性,可以采用互动式、体验式、协商式等交流模式,增强德育教育的吸引力和感染力。因此,高校可借助网络平台,围绕重大事件或社会热点问题进行研讨和交流,引导大学生树立正确的价值观念和道德准则,营造积极、健康、向上的文化氛围。

最后,探索网络德育的新渠道。高校可以与网络企业合作,创建专属德育APP,设置个性化学习路径与趣味互动环节;借助虚拟现实技术,模拟网络社交环境等场景,为学生提供丰富的德育体验;开辟网络直播德育课堂,邀请各界精英分享网络道德实践经验,实时解答学生疑问。多元新颖的渠道能使网络道德教育深入学生的网络生活,也能提升教育的实效性。

(五) 加强教育队伍建设,夯实高校网络道德教育的基础

网络化时代,一些高校思想政治教育工作者观念陈旧、能力不足、业务不精,影响了高校网络道德教育的水平,加强高校网络道德教育队伍建设迫在眉睫。首先,必须增强教育队伍的网络道德教育意识,注重转变教育观念。面对

网络社会的快速发展，教育者应及时调整心态、转变角色，认识到加强大学生网络道德教育的重要性，丰富自身知识储备，掌握现代网络技术，及时占据网络道德教育制高点。其次，必须注重提升教育队伍的业务水平，把握网络道德教育的主动权。我们应加强网络道德教育队伍建设，形成一套行之有效的网络道德教育工作体系，及时对教师队伍开展业务能力及知识水平的培训，从多方面对教育队伍给予支持和帮助，培养其成为政治素质过硬、专业技能高、网络素养强、能跟上时代步伐的中坚力量。

（六）净化高校网络道德教育环境，健全外部保障体系

建立健全网络道德法律法规。随着互联网的快速发展，我国现有的相关法律法规已经越来越不能适应发展需要，应抓紧建立和完善关于网络道德行为的法律法规，为大学生网络道德教育提供法律依据和制度保障。

完善网络管理和监督体系。网络管理与监督体系作为网络与信息健康的保障措施，能够进一步净化网络环境，为高校网络道德教育的实施保驾护航。具体来说，就是要实现监管主体的行业自律与外部社会监督结合、政府主控与公众监督结合的全方位监督模式。同时，监管部门要形成合力，使任何"擦边球"式的"网络秀场"无生存之地。

强化社会舆论引导。社会媒体应积极传播正能量的网络热点事件，如报道网络公益行动、网络文明之星等内容，在社会上形成正面的舆论导向；对不良网络行为及时曝光，引导公众形成正确的评判标准；营造健康的社会网络舆论大环境，为高校网络道德教育提供有力的外部支撑，使大学生在积极的网络舆论氛围中耳濡目染，增强网络道德自律意识。

第二节 高校网络心理健康教育方法实践

一、网络心理健康教育概述

（一）高校网络心理健康教育的含义

笔者认为，随着以互联网为代表的信息网络技术的兴起和普及，网络心理健康教育不仅是传统心理健康教育在其领域、方式及手段上的拓展和延伸，更

是一种全新的心理健康教育模式和理念，是心理健康教育发展和创新的一种新趋势。以互联网为代表的信息网络技术除了以其数字化、网络化、高速化、信息容量大、虚拟性等技术特性，促进心理健康教育的内容、方法、手段的创新外，更以其平等、自主、交互性的社会性内涵推动了心理健康教育理念的创新。

网络时代，高校传统的心理健康教育在教育目标与理念、教育内容与方法、教育途径与运营模式等方面都在发生不同程度的变化，大学生的心理健康标准理应被赋予新的内涵。当代大学生要适应时代发展趋势，认清时代赋予的光荣职责与神圣使命，志存高远，积极向上，适应网络环境变化趋势，保持良好的精神状态，掌握网络时代信息技术应用的方法和技巧，保持积极向上的良好精神风貌。

（二）高校网络心理健康教育的特点

1. 从教育对象层面来看

大学生的网络依赖程度不同，心理状态各异。一些学生可能因网络社交压力、信息过载等出现焦虑等情绪。高校需要关注个体差异，针对大学生的不同网络使用习惯和心理状况，因材施教，以促进其网络心理健康的发展。

2. 从教育环境层面来看

正是由于网络环境变成了一种新的育人环境，从而扩大了网络心理健康教育的范围，社会各方才开始重视挖掘网络环境对心理教育活动的积极作用。

与其他教育环境相比，网络教育环境的显著特点之一在于它的虚拟性。网络可以通过数字化的虚拟，对现实世界予以呈现。因此，高校网络心理健康教育依托于虚拟网络空间，打破了传统教育环境的时空限制，学生可随时随地获取心理健康资源。网络环境的开放性使教育资源丰富多样，但也充斥着不良信息的干扰。同时，网络社交平台为互动交流提供了便利，有利于营造宽松氛围，促进心理健康教育的开展。

3. 从教育内容层面来看

高校网络心理健康教育紧密结合大学生的网络行为与心理，如网络成瘾的预防与矫治、网络社交焦虑应对等内容，既包括传统心理健康知识在网络情境中的应用，又包括对新兴网络心理问题的剖析。其教育内容注重实用性与针对性，能够帮助学生正确应对网络环境带来的各种心理挑战，提升其心理调适能力。

4. 从教育方式层面来看

网络的交互性可以吸引学生主动参与知识的学习，在这种交互化的学习中，老师可以给予学生引导，帮助其树立健康的生活理念，正确看待学习生活中遇到的挫折。①

从教育方式的层面来看，高校网络心理健康教育别具一格。教师借助网络平台开展多样化活动，给学生传授心理学知识，利用网络心理咨询室为学生提供一对一的私密辅导，运用社交媒体对学生开展心理健康话题讨论与互动分享。

5. 从教育效果层面来看

网络心理健康教育的效果追求时效性，兼顾持续性的特质。网络心理健康教育资源更新及时、传播迅速，教育效果快速显现，网络心理咨询、线上心理辅导也逐渐被外界所接受。

二、高校网络心理健康教育现状

（一）高校网络心理健康教育偏重于防治工作

在高校网络心理健康教育中，更多内容是关于心理疾病预防的，很少有关于心理发展性的内容。出现这种情况的原因是有些高校对心理健康教育出现了较为片面的理解，把心理咨询与治疗当成是心理健康教育的主要内容。高校网络心理健康教育偏重于防治工作的具体表现：多数高校将主要精力用于预防和治理网络心理问题，如重点关注学生的网络成瘾、网络社交障碍等不良现象的识别与处理；相关工作集中在设立心理咨询热线，解答学生因网络引发的困扰，举办讲座普及和预防网络心理疾病知识等。这种偏重使心理健康教育体系发展不均衡，也不利于高校网络心理健康教育的长远发展。

（二）高校线上心理咨询平台建设问题多样

一些高校开发或引进了线上心理辅导平台，实践表明，其所发挥的作用有限，主要存在以下几方面问题。

第一，网站知识陈旧、形式单一。许多平台的心理知识板块更新缓慢，仍保留着多年前的理论与案例，无法反映当下大学生网络心理的新趋势与新问题。而且，页面设计缺乏吸引力，多为简单的文字罗列，互动性元素较少，难以激发学生主动探索心理知识、参与咨询交流的热情。

第二，网络咨询人员的专业性不强。有些高校从事心理咨询的人员未经过

---

① 罗浩东，梁梦瑶. 网络背景下的高校大学生心理健康教育探究［J］. 智库时代，2020（6）：168-169.

专业的技能培训，对网络环境和网络行为缺乏专业的认识。

第三，网络心理咨询观念陈旧，方法落后。部分咨询师未能充分理解网络咨询的独特性，在方法上，其过度依赖文字交流，缺乏对视频、语音等多元手段的综合运用。同时，其较少借助新兴技术来创设情境，使得咨询效果受限，难以满足学生多样化的心理需求。

（三）高校心理健康指导教师的专业素养影响网络心理健康教育的效果

部分教师对网络技术与网络心理问题认知不足，在教学与咨询过程中难以结合网络环境特点开展工作。例如，无法准确分析学生因网络社交压力或信息焦虑产生的心理困扰，也难以运用网络工具创新教育方式。而且，高校心理健康指导教师数量有限，精力不足，这导致网络心理健康教育难以全面深入。

三、高校网络心理健康教育方法梳理

（一）将心理健康教育与网络环境建设紧密结合起来

网络环境需要系统、完整、统一的行为规范，这样才能约束人们在网络中的行为。因此，要把心理健康教育与加强网络的道德建设、法律建设结合起来，营造促进大学生心理健康发展的网络环境。一方面，可以积极利用互联网，建设优秀的网站，开发成对大学生进行思想教育、心理健康教育的场所；另一方面，通过营造多层次的，积极、健康的网络文化环境，使大学生能在不同道德准则发生冲突时做出正确的判断和选择，采取正确的行为；同时，使大学生学会自我调节，正确对待人际关系，弄清虚拟空间和现实空间的区别，塑造健康的网络道德人格。

（二）建立高校网络心理健康教育平台

高校需要加大网络心理健康教育平台的资源投入，给予必要的硬件支持，这也是网络心理健康教育平台构建的基础条件。另外，高校可以根据学生的心理特点进行深入研究，构建丰富的网络心理健康教育平台。

第一，专题部分。这部分设置的内容主要是当前学生比较关注的心理问题，高校可以聘请校内外心理健康教育丰富的专家学者进行专题讲授，并制成视频发布到心理健康教育网络平台，使学生获得更加丰富的心理健康知识，掌握一些解决心理问题的技巧。

第二，基础知识部分。这部分内容主要涉及心理方面的基础知识，可以是实用的论文或案例故事，还可以是相关的课件等，可以让学生自主选择自己比较感兴趣的内容进行学习，从而有针对性地获得知识。

第三，网络心理测试系统。这部分内容主要是为了更加全面地了解学生的心理状况，并汇总测试的数据进行归档整理。其测试的内容主要包括学生的学习适应情况、人格特点、情绪变化以及人际关系等方面的内容，从而能够更加全面地掌握学生的心理健康信息，采取有针对性的措施进行指导。

第四，交流讨论区。学生可以根据自己关注的问题进行讨论，发表自己的看法，教师可以根据学生的看法，给予必要的指导，从而实现师生之间的交流互动。

（三）开展高校网络心理健康咨询

网络心理健康咨询与其他咨询方式相比具有保密性、超距离性和方便快捷性等优势。

1. 高校网络心理健康咨询的服务形式

常见的高校网络心理咨询服务形式有即时通讯咨询，心理教师利用专门的心理咨询软件与学生进行实时文字或语音交流，迅速回应学生的困惑。同时，视频咨询也较为常用，这种方式能让双方进行面对面的互动，使教师能更直观地捕捉学生的表情、肢体语言等非言语信息，增强咨询效果。

随着网络沟通的更加快捷和通畅，网络心理咨询的服务形式也将更加多元化。同时，将网络心理咨询作为现实心理咨询的有力补充，使其和现实心理咨询共同发展、互补互进，能够切实提高大学生心理健康教育的实效。

2. 建立网络心理健康教育档案

高校要有计划、有针对性地建立网络心理健康教育档案，才能客观、准确、全面地追踪记录大学生的心理健康状况。[①] 建立网络心理健康教育档案可以依托多种形式，如利用网络收集和完善学生的基本信息，新生入学心理测评，每年进行心理普查测试等，通过这些方式，反映大学生的心理变化。网络心理健康教育档案可以帮助教育工作者规范化管理，保护大学生隐私，在保证大学生不受伤害的同时获得大学生心理成长发展规律的数据资料。

（四）创设网络心理健康教育情境

高校可以利用虚拟现实技术构建逼真的社交场景等，让学生身临其境地感

① 范亚丽. 互联网时代高校网络心理健康教育积极模式的构建［J］. 重庆第二师范学院学报，2019（3）：103-106.

受与应对心理挑战；也可以利用多媒体创设故事性情境，引导学生代入角色，深入剖析自身的心理问题，助力学生网络心理健康的发展。

（五）组建高校网络心理健康教育的师资队伍

首先，学校专职心理健康教育的教师是网络心理健康教育工作得以专业化和科学化开展的重要力量之一。

专职心理健康教育教师的工作范畴很广，包括：①网络心理健康教育工作的行政管理：为学校制定网络心理健康教育的总体规划发挥专业的参谋作用，并根据学校的总体规范做好全校不同阶段的网络心理健康教育具体筹划，组织与协调校、院心理健康的相关工作；②队伍素质的提升：对兼职教师和其他教师进行网络心理健康教育的专业培训和指导；③学生心理危机的预防与干预：依托网络，组织和开展全校性的心理健康普查和心理健康排查工作，建立全校学生的电子心理健康档案；④来访学生的心理辅导：面向在校学生开展个体、团体等不同形式的网络心理咨询、心理辅导工作；⑤心理健康知识的网络普及：利用网络课堂，开设相关的心理健康教育网络课程，开展各种主题讲座及各种主题的校园心理文化活动，搭建与学生互动的平台；⑥网络心理健康教育的实践与理论研究：组织科研团队小组，积极开展网络心理健康教育的各项研究课题，通过理论研究促进实践工作的开展。

其次，要把高校学生辅导员纳入网络心理健康教育工作的队伍中来。在高校开展网络心理健康教育中，最有开发潜力、最有工作便利的要数高校学生辅导员。辅导员贴近学生、了解学生，对学生的日常生活及其心理状况都能掌握第一手资料，要把高校辅导员纳入网络心理健康教育工作的队伍中。具体来说，辅导员日常与学生接触密切，能及时察觉学生网络行为的变化及潜在的心理问题，因此，辅导员应借助自身管理经验对学生进行初步引导。

（六）家校协同共建"全员育心"新格局

立足于教育改革新时代，高校网络心理健康教育还需科学构建学校与家庭协同协作的新格局，使高校在心理健康教育目标、理念和行动方面与学生家庭同心携手，通过互联网将学生的心理健康信息及时向学生家长反馈，使学生家长充分了解学生心理成长的特征。高校可通过线上家长会、家长学校等形式，向家长传授网络心理健康知识，使家长掌握与孩子的网络沟通技巧。家长应及时向教师反馈学生的心理状况，并与教师共同制订个性化教育方案。双方密切配合，能够形成全方位的网络心理健康教育合力，为学生的心理健康保驾护航。

第三节　高校网络法治教育方法实践

一、加强高校网络法治教育的意义

（一）从社会层面来看

高校是人才的输出地，大学生的网络法治素养会影响社会的网络风气。高校通过教育能增强学生的法治意识，促使学生减少网络违法犯罪行为。当众多高校学生将法治观念融入网络实践，能够带动全社会形成健康、文明、法治的网络环境，甚至能推动网络文明建设的进程。

（二）从高校网络法治教育层面来看

1. 改革法治教育模式，使知识展现更具生动性

媒介融合的大趋势促使法治教育模式的变革。网络新媒体，借助图片、视频等生动表现形式，将法治教育相关的各种信息予以呈现，降低了理解法治问题的难度，大学生可以更加系统地理解和掌握法治相关问题。

同时，以法治教育资源一体化发展为导向，以媒介融合推动法治教育模式的变革，强化媒介融合后的智能传播效果，发挥一体推进的最大效能。"媒介技术+法治教育"模式将是现阶段法治教育发展的主流方向，不断地探索法治教育与媒介技术的融合创新，以媒介技术的融合创新为催化，能全方位实现法治教育传播效能的最大化。

2. 丰富法治教育方法，使传播主体更有积极性

大学生对新生事物具有强烈的探索欲和求知欲，是新媒体技术的体验者。法治教育的各类主体开始将目光投向大学生喜欢和乐于接受的网络空间，不断拓宽和丰富法治教育方法，给大学生更多的选择空间和探索空间。通过情景模拟教学、网络法治案例创作大赛等方法，能使教师有更大的施展空间，促使教师积极主动地探索法治教育方法。

3. 利用网络媒介促进高校网络法治教育效果最大化

网络的普及，使受教育者更愿意、更主动、更直观地接受法治教育。在网络世界里，教育者与受教育者可以更平等地进行交流，这种互动方式更有利于

双方思想与观念的表达，从某种程度来讲，法治教育模式的创新更贴近大学生的生活和现实需求。在网络上，信息传播的速度更快，大学生不仅可以第一时间了解法律热点，还可以对法律问题进行探讨和解读。由此可见，对网络媒介的合理利用可以最大程度地发挥高校网络法治教育的作用。

4. 加强主客体间对话，使互动交流更具有效性

在网络环境下，教师可利用在线课堂、论坛等多渠道与学生互动。学生不再是被动的接受者，而是能及时反馈疑惑与见解，教师则可据此调整教学的重点。这种双向交流打破了传统单向灌输的局限，能使法治理念在思想碰撞中深入学生的内心。同时，有效的互动可使教师准确低把握学生网络法治知识的短板，为个性化教育提供依据，从而切实提高高校网络法治教育的有效性。

（三）从学生层面来看

1. 预防大学生网络违法犯罪

网络违法犯罪作为新型违法犯罪，虽然实施于虚拟的网络空间中，但其法律后果与传统违法犯罪并无差别，网络违法犯罪主体仍然要依照法律承担相应的责任。因此，高校更需要加强网络法治教育，以引起大学生的重视。

2. 强化大学生网络维权意识

网络时代，大学生面临诸多权益风险，如个人信息泄露、网络诈骗等。法治教育能使其明晰自身权益范围与维权途径，有效保护自身利益，同时，也有利于规范网络秩序，营造健康、公正、合法的网络环境。

二、高校网络法治教育的内涵与特征

（一）高校网络法治教育的内涵

高校网络法治教育是当代大学生法治教育的一种创新形式，它以互联网为载体，利用互联网的方便、快捷、趣味性、内容多样化等特点，向大学生传授自由、平等、民主、法治的观念，通过宣传法律知识和法律案例、热点，培养大学生的法治意识。

在高校开展网络法治教育，其最终目标是为了培养大学生的法治素养，提高他们运用法律解决问题的能力。在新媒体背景之下，结合时代条件开展法治教育，需要根据不同专业大学生的特点，因材施教，引导他们学法、懂法、守法、用法、遵法。

高校网络法治教育不仅包括具体法律知识的学习，还包括法治素养、法律

思维、法律意识、法律能力的培养。网络法治教育的最终目标是通过对法律具体知识的学习，从而培养大学生运用法律解决问题的能力。[①]

（二）高校网络法治教育的特征

法治教育旨在通过对公民有目的、有计划、有组织地进行依法治国方略的宣传和教育，培养和发展公民的法治意识，使其能规范自己的行为。加强大学生网络法治教育，旨在网络虚拟社会中，提升大学生的网络法律素养，明确网络法律法规，这也是实现高校大学生思想政治教育法治化的需要。现阶段，高校大学生网络法治教育具有如下几个方面的基本特征。

网络法治教育环境的混杂性。首先，随着网络的普及和发展，特别是在全球化的网络文化背景下，多种文化冲击着校园本土主流价值观念。其次，随着信息技术的发展，在互联网思维下，产生了互联网经济。互联网经济比市场经济具有趋利性的特点，会对大学生的价值观念产生一定的影响。最后，在网络社会里，受多种思想观念的影响削弱了大学生的自我判断意识。因此，加强大学生网络法治教育，进行网络法治维权，净化网络法治环境，显得尤为重要。

网络法治教育内容的多元性。在网络环境下，诸多思想信息以不同的形式充斥着网络空间，大学生在进行信息搜索和查阅时需要进行仔细甄别、筛选和吸收，这就加大了大学生网络法治教育的复杂性。由于互联网打破了传统传播媒体单一封闭的界限，使得网络承载着多样化的法治教育内容。在这种情况下，高校需要规范大学生网络法治教育内容，选择贴近实际、贴近学生、贴近生活的教育内容，激发大学生网络法治教育课堂的吸引力、感召力和创造力。充分挖掘大学生网络法治教育的合理内容，能为有效进行大学生网络法治教育提供可靠保障。

网络法治教育方法的多样性。网络法治教育是以互联网为依托的一种集多种媒体为一体的交互教育形式，教育者与教育对象是一种民主平等的教学关系，在数字化、立体化的多媒体课堂上，教育者可以发布和分享教育内容，这种教学法是传统教育法无法比拟的；除此之外，互联网具有及时性、交互性、共享性等特点，教育者可以及时跟踪教育对象的思想动态，了解大学生的思想偏差，加强正确的舆论引导，提高大学生网络法治教育的针对性。同时，还可借助案例教学法，分析经典网络违法案例，加深学生对法律条文的理解与运用能力。总之，多种方法的使用能全方位地提升学生的网络法治素养。

网络法治教育者的主体地位受到削弱。在互联网教育空间里，受教育者可

---

① 陈思琪. 开展大学生网络法治教育的必要性及其意义［J］. 法制博览，2021（5）：181-182.

以民主、平等、自由地表达自己的思想，传统的教育者的"权威地位"被打破。在网络互动平台下，教育者与受教育者的沟通形式不再是面对面的沟通，而是逐渐演化成为受教育者的自我教育形式。同时，网络信息繁杂，真假难辨，一些错误或片面的法治解读也在干扰着大学生的认知，这使教师在知识方面的权威地位受到挑战。

三、高校网络法治教育方法梳理

（一）设置多层教育目标，加强内容顶层设计

首先，搭建循序渐进、层层递进的，知识与技能、情感与思维教育目标体系。从依法治国方略、推进建设社会主义法治国家的高度俯瞰，从大学生日常生活、有效运用法治知识的实际入手，教育目标要在建构知识体系基础上继续提升运用法治思维、依法妥善解决问题的能力，引导大学生掌握深层法治理论，涵养法治精神。

其次，注重各年级、各专业之间目标与内容的有机融合和纵横衔接。根据各年级、各专业大学生情况的不同以及面临的网络安全问题的不同设分层目标；深入挖掘各年级、各专业中涉及网络安全的内容，融入网络安全法治教育；注重开发第二课堂，丰富网络安全法治教育的社会实践、专项课题、社会服务等。

最后，着力激发大学生自主探索网络安全法治学习的内驱力。其目标和内容的设定要充分激发大学生的主体精神，使其能够自主探寻解决网络安全问题的方法，最终达到知识和能力内化于心、外化于行的效果。

（二）打造高校网络法治教育新平台

高校借助网络法治教育平台整合知名法学教授的讲座视频、法律条文解读内容等，组建互动交流社区，而学生可在此分享见解、提出疑问，专业人士则可对其问题进行及时解答。同时，运用虚拟现实技术模拟法庭场景，丰富学生的实践体验；开发移动应用，方便学生随时随地学习。高校网络法治教育新平台能打破时空限制，激发学生学习兴趣，提升网络法治教育的实效性。

（三）革新高校网络法治教育方法

我们要注重发挥大学生网络安全法治教育的实践特性，促使其积极地探究和思考问题，重塑其思维模式，促进其自觉地解决问题。

首先，以解决实际问题为导向，激发大学生的学习兴趣。在网络法治教育中，教师可将网络法律知识与学生在网络社交等方面遭遇的真实问题相结合，如网络诈骗维权、隐私泄露应对等，进而利用案例剖析、情景模拟等方式让学生参与其中，使其真切感受到法治知识的实用性，从而主动地深入学习。

其次，深度打造校园文化和社会实践项目。在校园文化方面，高校可举办网络法治文化节，举办征文、演讲等活动传播法治理念。在社会实践中，高校可组织学生参与网络普法宣传活动，使其深入社区、企业普及网络法律知识，在实践中深化对知识的理解，进而增强网络法治意识与责任感。

最后，借助网络运营创新模式让全员动起来。创新性地借鉴网络自媒体运营模式，建构网络安全法治教育平台，形成全员共同参与平台活动的良性互动，有效应对网络安全法律知识更新迭代的问题。

（四）构建常态化网络法治教育机制

构建常态化网络法治教育机制需要凝聚学校、家庭和社会的合力，将学校打造成大学生网络法治教育的主阵地，家庭、社会作为后方教育阵地，巩固实效。

大学生网络安全问题的症结在于大学生的心理问题未被及时发现和解决，因此，想要巩固网络法治教育效果，还需要结合大学生的心理特点从源头上解决心理问题。因此，要做好大学生的心理教育和心理疏导工作，在心理教育的过程中注重理论在网络安全法治问题上的应用性。高校应将网络法治教育融入思想政治教育体系，举办网络法治主题的知识竞赛、演讲比赛、征文活动等，充分利用新媒体平台向学生定期推送网络法治教育内容。

打造家庭、社会后方教育阵地，巩固教育成果。对于家庭教育阵地的建设，首要问题是引起家长的充分重视。家长对网络的使用度和熟悉度较低，没有敏锐的问题意识，往往忽略相关教育。基于此，辅导员要做好家校联络工作，增强家长的网络法治意识，使之引起充分重视。对于社会教育阵地的建设，需要让学生主动融入社会实践，使大学生在实践中真切地感受到网络法治的力量，来保障大学生的网络法律知识真正落地。

（五）加强网络法治教育师资队伍建设

加强大学生网络法治教育，健全师资队伍是关键。网络法治教育者应具备高水平的法律素养，否则难以发现问题，难以帮助大学生提高其网络法治素质。此外，高校要行动起来。一方面，对现有教师开展专业培训，使其深入学习网络法律法规、网络技术原理及网络伦理道德等知识。另一方面，要积极引进具有法学、网络技术等多学科背景且熟悉网络法治教育的复合型人才，鼓励教师参与网络法治相关的学术交流与实践调研。

第四节　高校网络舆情引导方法实践

一、高校网络舆情问题分析

（一）舆情管理部门缺乏协同

一是部分高校尚未设立完善的网络舆情管理部门，学校网络舆情管理工作大多由学校党委宣传部负责，很难得到系统、整体的安排。

二是部分高校职能部门缺乏整体联动，导致在舆情管理过程中出现推诿、回避、隐瞒等问题。

（二）高校主动引导网络舆情的能力不足

高校在网络舆情引导中的主动引导能力欠缺，常处于被动应对状态，对舆情发展趋势预判不准，不能积极使用前瞻性策略。在舆情初现端倪时未能及时介入，错失引导黄金期，且引导手段单一，多依赖事后声明，难以在舆情发酵前期利用多元化方式主动引导舆论走向。

（三）网络舆情引导平台建设滞后

一是高校内部缺少议题讨论的有效平台。虽然学校内部反馈问题也不乏常规渠道，但师生还是更倾向于在网络渠道上发表意见，究其根本就是现有的校内信息反馈渠道并未完全发挥作用。

二是高校官方发声渠道相对单一。高校网络舆情发声往往通过学校官方网站、微博进行回应。虽然多数高校积极开展校园媒体融合，但部分高校缺乏多元平台联动发声，没能实现网络空间的全覆盖。

（四）缺乏处理突发舆情的应急措施

高校在网络舆情应对中常暴露出处理突发舆情应急措施的短板。当舆情突然爆发，由于未建立高效的预警系统，其往往难以及时察觉。各部门缺乏明确的责任分工与协调机制，这导致其行动的混乱。同时，高校应对方案匮乏，无法迅速给出有效举措，致使舆情肆意蔓延，严重影响其声誉。

二、高校网络舆情引导方法梳理

（一）健全网络舆情引导机制

首先，健全舆情研判预警机制。舆情研判预警监测，是高校对舆情事件可能发生的动态、走向等进行预警监测，以便提供准确信息，及时应对。高校应升级舆情研判预警监测软件技术，完善舆情研判预警机制和捕捉机制，持续关注网络舆情的来源。同时，要强化手机等媒介与监测信息设备的传递手段，使舆情研判预警监测持续不间断。

其次，健全网络舆情处置应对机制。一是要建立网络舆情引导机制。高校网络舆情可以从显性引导和隐性引导两方面考量。显性引导就是要设立网络舆情新闻发言人制度，确保重大突发事件及社会热点事件发生时，相关部门不失声、不缺位、敢担当；隐性引导就是在平时的相关工作中，潜移默化地塑造和扩散对学校舆情发展有利的正面形象，积极引导师生思想，减少对立，消除误解。二是要建立舆情线下联合处置机制。高校应整合宣传部、学工部、保卫处等多部门力量，明确分工与协作流程。一旦舆情发生，各部门需依责行动，形成各部门高效联动的格局，维护校园的和谐稳定。

最后，建立健全网络舆情管理保障机制。一是完善舆情组织保障。高校要成立专门的网络舆情管理机构，配备专门的工作人员，负责舆情的汇集整理、报送分析、引导应对等工作。二是完善高校舆情管理的技术保障。依托高校自身的科研平台，研发网络舆情的智能管理平台，建立并完善网络舆情数据库、案例库，通过技术手段实现网络舆情管理的科学化、智能化。三是完善舆情应对处置的物质保障。高校要在人力、物力、财力上对舆情工作予以支持，在年度预算中合理规划经费投入，保障网络舆情引导工作的顺利开展。

（二）搭建网络舆情引导的平台空间

首先，着力打造校园全媒体宣传平台。一是加强官方平台建设。以微信、微博、高校贴吧等学生常用平台为主体进行高校新媒体矩阵搭建，形成网络空间高校形象的多面"传声筒"。二是重视高校各组织及自媒体共建。高校要积极打造集学校官方平台、二级单位平台、社团组织平台以及颇具网络影响力的师生自媒体于一体的"大宣传"格局，实施系统管理和分类指导，让校内众多媒介成为网络舆情引导的有力平台。

其次，真正发挥舆情引导平台的作用。一是高校要把各类官方平台打造成主流意识形态的舆论场。在内容创作上，找准师生的需求，通过有血有肉的细节、有理有情的叙事、有图有文的呈现、有声有色的表述，使正向宣传的声音传遍全网。二是高校舆情引导要实现关键性发声。一方面，要及时发声，面对突发舆情事件，高校要迅速响应，把握舆情的话语权和主导权。另一方面，高校在舆情工作处理和公布的过程中，应直接切入舆论关心的问题，注重发布真实的、有质量、有价值的信息，以坦诚、理性、负责的态度做出正面回应。

（三）完善高校网络舆情监测技术，提高高校网络舆情引导能力

当前，由于高校网络舆情的多元性，应使用现代化的科学方法和技术手段，建立高校网络舆情的监测体系，进一步完善对网络信息的监测水平，从而实现高校网络舆情的现代化管理。此外，加强高校网络舆情的监管，不能只采用传统的人工数据采集方式，还要充分使用大数据。同时，高校要不断加大监测高校网络舆情的经济投入，加快研发各类新设备，使用新技术，增加监控硬件设施。

（四）加强高校网络舆情引导的队伍建设

建立一支专业化的舆情管理工作队伍。从校内选拔政治性强、业务水平高、作风正派、爱岗敬业的优秀人才，打造舆情管理工作队伍。同时，聘用一批政治素质过硬、理论水平较高、善于做舆情工作的党政领导干部、专家学者等担任顾问。

第七章　高校思想政治教育网络化方法发展之保障

在大学生世界观、人生观、价值观的形成过程中，高校思想政治教育起着不可或缺的作用。在互联网与各行业深度融合的背景下，如何更好地运用互联网来开展高校思想政治教育工作、促进高校思想政治教育的发展，是一个值得思考的问题。网络环境十分复杂，高校网络思想政治教育还应该重视其开展的机制保障问题。

第一节　加强高校网络思想政治教育队伍建设

一、加强高校网络思想政治教育队伍建设的意义

（一）发展中国特色社会主义教育的重要保障

高校思想政治教育队伍肩负着传播正确价值观与理念的重任，利用精心设计课程、组织活动等方式，将社会主义核心价值观等融入学生的思想体系，为学生构筑坚实的精神支柱，确保教育沿着中国特色社会主义方向稳步前行。

（二）保证高校发展的统筹有序

我国高校思想政治教育队伍主要包括这几类工作人员：一是辅导员队伍，二是思想政治理论课的教师队伍，三是其他参与高校思想政治教育工作的工作人员。这些人员组成了高校思想政治教育的中坚力量，对协调规模、结构、质量、效益之间的关系，正确处理教学、科研、学科之间的关系发挥着重要作用。

（三）提高教师队伍的教学水平

在网络环境下，教师需要不断掌握新的教育技术与传播手段，这促使其不断学习提升。在高校网络思想政治教育队伍建设过程中，高校开展的培训交流等活动，能让教师接触多元化的教学理念与方法，优化教学设计，从而在网络思想政治教学中更有效地传授知识，提升教学的实效性。

（四）提升高校学生的综合素养

高校网络思想政治教育队伍建设对提升学生综合素养有着重要作用。这支队伍能利用网络优势，将丰富多元的思想政治内容以学生喜闻乐见的形式呈现；在引导学生树立正确价值观、坚定理想信念的同时，培养其信息甄别能力、网络自律意识与创新思维；利用网络的互动性与实践活动，促进学生知识的内化，进而全面提升其思想道德、文化知识与实践创新等综合素养。

二、高校网络思想政治教育队伍建设存在的问题

（一）网络素养有待提升

在高校网络思想政治教育中，网络思想政治教育队伍的网络素养不足问题较为突出。部分教师对短视频制作、网络直播的运用不熟练，难以借助网络平台开展思想政治教育。部分教师对网络文化、网络语言的理解与把握也不够准确，这导致其与学生在网络交流中存在隔阂，影响了思想政治教育的效果。

（二）队伍内生动力不足

一方面，高校网络思想政治教育队伍建设缺乏必要的政策支持，相关政策滞后，使得高校网络思想政治教育在工作内容、工作时间、培训提升、评价与激励等方面缺位。部分高校对网络思想政治教育队伍建设的重视度不够，难以形成促进高校网络思想政治教育队伍成长和发展的良好环境。

另一方面，高校网络思想政治教育队伍建设缺乏必要的激励机制，导致队伍成员的职业成就感和获得感偏低。如果高校不能为网络思想政治教育队伍创造良好的工作条件，拓展发展空间，其发展也就无法获得保证。

（三）队伍组成结构失衡

目前，各大高校都十分重视网络思想政治教育工作，组建和配备了网络思

想政治教育工作队伍并积极开展相关活动。但是，现在的高校网络思想政治教育队伍还处于初建阶段，需要进一步发展完善。

分析高校网络思想政治教育工作队伍建设的现状，发现其队伍组成结构明显失衡，主要表现为：一是数量结构不合理，多数高校网络思想政治教育工作人员较少；二是年龄结构不合理；三是人员结构不合理，呈现单一化的特点，使具体工作的开展长期处于完成任务阶段，实效性不强。①

（四）队伍管理缺乏制度保障

当前，高校网络思想政治教育队伍建设的制度化管理还处于探索阶段，缺乏相应的管理制度作为保障，严重制约着网络思想政治教育队伍的建设与发展，主要体现在以下几点。

一是组织制度不完善。各部门间职责划分不明，协同合作缺乏有效机制；考核评价体系不健全，难以准确衡量工作成效与教师的贡献，激励措施匮乏，致使教师积极性受挫，队伍建设难以高效、有序推进，从而制约了思想政治教育的发展。

二是欠缺人才引进和培训的配套制度。高校在进行人才引进时，缺乏针对网络思想政治教育特殊需求的精准考量，这使其难以吸引兼具思政专业与网络技术专长的复合型人才。从培训方面来说，部分高校有关网络思想政治教育的培训内容陈旧、形式单一，无法满足教师对网络新趋势、新技能的学习需求，阻碍了队伍的专业发展。

三是教育评价制度相对滞后。高校的评价指标往往侧重于传统教学成果，忽视了网络环境下思想政治教育的独特性，尤其是对线上互动效果、网络文化引领等方面难以进行量化评估。同时，评价方式单一，多依赖主观判断与有限的数据统计，缺乏科学、全面的评价模型，难以准确反映教师的真实价值，不利于网络思政教育的可持续发展。

三、加强高校网络思想政治教育队伍建设的策略

（一）着力提升队伍的综合素质

高校应遵循队伍建设的规律，基于现有的师资队伍情况，循序渐进，着力提升网络思想政治教育队伍的综合素质。

---

① 邱霞．高校网络思想政治教育队伍建设探究［J］．区域治理，2020（43）：234.

一是要建立常态化培训机制，组建学习型团队。采取定期主题培训、专题进修、技能交流和轮岗等形式，督促网络思想政治教育工作者"打铁必须自身硬"，全面提升素养，使其自觉将"政治强、情怀深、思维新、视野广、自律严、人格正"作为个人职业发展的圭臬。

二是在培训内容的设置环节上，高校应始终秉持紧扣时代主题的原则，密切关注当下社会热点、国家发展战略与国际形势变化等内容，确保思想政治教育工作者能及时将时代精神融入教学。同时，紧跟网络技术前沿动态，将人工智能、大数据等技术应用在网络思想政治教育中。

三是在培训基础上，高校可以设置网络思政课程设计比拼、网络舆论引导模拟竞赛等多样化项目，从而为思想政治教育工作者搭建展示与交流的平台，激励他们不断提升网络思想政治教育水平。

（二）完善激励机制，激发工作活力

1. 加强队伍工作保障

高校要出台相关政策，在经费、阵地、工作时间、精神奖励等方面积极创造条件，给予高校网络思想政治教育队伍必要的支持与保障，进一步增强网络思想政治教育工作者的职业认同感和自觉性。

2. 完善多元评价机制

合理健全的评价和激励机制，是保障高校网络思想政治教育队伍建设的必要条件。[①]

第一，推动适应网络思想政治教育发展的工作评价标准的出台。教育部门和高校要致力于推动评价标准的出台，全面考量教育成效的多维度呈现，包括线上互动的深度和广度、网络舆论引导的及时性与有效性等，全力推动适应网络思想政治教育发展的工作评价标准的出台，为高校网络思想政治教育的规范化、科学化发展提供坚实的依据与导向。

第二，根据不同类型的网络思想政治教育工作者实行差异化绩效管理。对于理论型的队伍成员，其考核和晋升标准应当以网络思想政治教育文章、话题引导、研究成果等为主，以学术成果向网络引导的转化程度、向育人成效的转化程度作为评价标准；对于实践型的队伍成员，其考核和晋升标准应当以工作量、网络引导效果等为主，切忌使用"一把抓""一刀切"式的评价标准。

---

① 许建萍. 高校网络思想政治教育队伍培育路径研究［J］. 吉林工程技术师范学院学报，2018（4）：10-12.

（三）打造复合型网络思想政治教育团队

一方面，高校应把网络思想政治教育队伍建设纳入学校组织体系的总体规划中，采取政策吸引和培养选拔机制，充实队伍配额，补齐短板。

另一方面，高校应主动挖掘学生资源，建立由专家指导，由学生组成的骨干队伍，为有能力、有意愿服务于网络思想政治教育工作的大学生提供参与渠道与平台，使广大教职员工和学生在参与本校的网络平台维护、信息安全管理和网络文化产品创作与网络文明建设等工作中接受培养与教育，引导他们养成自我教育、自我管理和自我服务的行为习惯。

此外，高校还应把网络思想政治教育理论研究与队伍建设结合起来，设立以"课程思政"为专题的学科交叉科研项目，组建跨学科的复合型创新团队，吸引不同学科的人才参与专项课题研究，促进学术交流和跨学科思维交叉。

第二节　建立高校网络思想政治教育互动机制

一、大学生网络思想政治教育互动的内涵解读

互联网以高速、大信息量、即时反馈等优势不断地将文字、声音、图像等信息在世界范围内传送，大大改善了人类联系、交流的条件，使交流的空间障碍大大消除。

网络思想政治教育互动，实际上就是在网络虚拟空间中相互作用并产生影响的网络交往行为与方式。

在网络思想政治教育过程中，教育主体通过有目的的虚拟实践活动，可以改造受教育对象的特质。

互联网已成为大学生获取信息、沟通交往的重要手段和主要途径。网络思想政治教育的目的是通过信息的获取识别、发布传递、互动交流、接受反馈等方式推进教育进程，实现教育目的。因此，笔者认为，大学生网络思想政治教育互动，就是以网络为平台，以信息交流为主，实现教育主体与受教育对象的认知协同，目标趋一。

二、大学生网络思想政治教育互动的表现

（一）教育者和大学生的互动

随着信息技术的发展，网络成为思想政治教育的重要载体。在网络空间里，思想政治教育主客体的良性互动是实现思想政治教育任务的重要因素。[①]其中，教育者与大学生的互动是大学生网络思想政治教育互动的重要组成部分。

教育者担负着引领整个网络思想政治教育全过程的任务，他们对大学生的作用主要体现在三个方面：一是导向功能。在纷繁复杂的网络世界里，教育者能为大学生指引方向，帮助他们确立清晰的奋斗目标，引导其在网络与现实生活中遵循积极健康的行为方式。二是转化功能。网络信息具有高度的复杂性与多样性，既有精华也有糟粕。教育者需要敏锐地洞察其中的差异，主动出击，针对网络上的各种错误观念、不良信息对大学生造成的影响，积极开展引导工作。三是提升功能。教育者通过各类网络平台，使大学生快乐地接受教育，挖掘潜能，实现价值。

大学生也具有能动性，对教育者具有反作用。一是反馈功能。通过网络信息的传播，大学生可以积极对教育者提供的教育信息进行反馈，实现了主、客体的对接与统一。二是促进功能。大学生能促使教育者去弥补不足，保证教育效果。

（二）教育者和网络环境的互动

网络平台作为最大的信息载体，其所涉及的信息内容复杂、多元，有积极的、向上的、健康的信息，也有消极的、不良的内容。因此，教育者应该多了解网络环境，从而了解学生对网络思想政治教育的诉求。

教育者开展网络思想政治教育必须依靠一定的网络环境，他们对网络环境的作用主要体现在三个方面：一是利用功能。网络以一种全新的信息传播方式加速了知识、价值观念的传播，教育者利用这一载体进行教育，可以扩大教育的影响力。二是控制功能。教育者能对网络环境施加影响，对网络环境中的不良因素，教育者能加以控制、封闭和隔离。三是优化功能。教育者能建设好融思想性、知识性、趣味性、服务性于一体的网络教育载体，优化网络教育环境。

---

① 秦彪生，陈松．网络思想政治教育主客体互动探析［J］．北京教育（高教），2022（1）：75-77.

网络环境是教育者实施教育活动的客观条件，它也反作用于教育者。一是限定功能。教育者实施教育的手段和载体，受到网络环境的限定。二是激活功能。良好的网络教育环境，将激发教育者获得成就感并提高其工作热情，使之处于良性循环中。三是开发功能。网络就像一个"助推器"，能够促使教育者最大限度地调动主观能动性和发掘内在潜能，创造性地开发出丰富、形象的教育资源。

（三）大学生和网络环境的互动

随着信息技术、互联网技术的不断发展，网络普及率逐渐上升，高校网络环境不断完善。网络环境不仅为大学生提供了多元化的学习资源，还为大学生创造了良好的自主学习条件，基于网络环境培养大学生自主学习能力的重要性逐渐凸显。[①] 但是，网络环境同样也会对大学生产生一些不良影响，这需要大学生进一步了解网络环境，自主地改善网络环境。

大学生能自主地改善网络环境，与自己的活动相适应。他们对网络环境的作用主要体现在两个方面：一是选择功能。网络的共享性、自由性使大学生获取信息更加方便，大学生可根据自己的喜好、特长等来选择。二是改造功能。大学生能够在网络环境中获得较强的开拓能力，在改造客观环境的同时改造自己的主观世界。

网络环境是一个开放的世界，能通过辐射作用加强信息传播，对大学生产生深远影响。一是感染功能。开放多元的网络环境能开阔大学生的视野，使其接触到各种前沿知识和多元文化理念。积极健康的网络环境能鼓舞大学生追求梦想、提升自我，而恶劣的网络环境则会使大学生陷入迷茫与困惑。二是激励功能。网络使大学生接触到先进的思想理论、科学技术。网络的多媒体传播方式，更能激励大学生去揭示事物的本质。三是约束功能。网络环境对大学生的影响往往通过舆论表现出来，符合网络环境的思想和行为更容易得到传播。

三、建立高校网络思想政治教育互动机制的策略

（一）"自律"与"他律"相结合

自我教育是衡量个体主体性发展有效性的一个重要标志，也是思想政治教

---

① 张娜，赵莹. 基于网络环境的大学生自主学习能力培养 [J]. 产业与科技论坛，2023（13）：207-208.

育的目标所指。① 大学生的自我教育和思想矛盾的自我调适有两个基本向度：一是自律，二是他律。自律是大学生自我调适的根本手段，是思想政治教育的最高实现方式，为主体之间的互相交往提供了可被普遍遵循的规范，在自律中，主体才能形成更加明确的责任意识。

一是要高度重视学校思想政治教育课堂这一关键阵地。教师在课堂上应精心设计教学内容，运用丰富多样的教学方法（案例分析、小组讨论、情景模拟等），充分调动学生的积极性与主动性，从而最大程度地发挥课堂在思想政治教育方面的主渠道功能。

二是要多维度地培养教育对象的自我教育能力，保障大学生在自身的思想矛盾运动中能够凭借自律战胜错误思想。教师应利用线上线下相结合的学习模式，给学生提供丰富的学习资源与实践机会，鼓励他们积极探索新知识。

三是要立足于家庭网络道德教育，夯实发挥学校主渠道功能的逻辑基础。家庭网络道德教育不同于学校的"理性"教育，应凸显"感性"教育，将重点放在家庭活动和游戏中。

（二）加强教育者主体队伍建设，积极开展网络思想政治教育

如今，一些思想政治教育工作者还没有认识到利用互联网信息技术开展思想政治教育的重要性，没有掌握互联网的相关知识和技能，而且对相关互联网法规等也缺乏了解，这些都对现今的高校思想政治教育者提出了挑战。面对现实，教育者应及时转变教育观念，充分认识到网络思想政治教育的必要性与重要性，树立较强的网络意识，采取积极有效的方式介入。只有这样，才能适应网络时代对思想政治教育工作提出的新要求。

（三）推动网络空间管理的制度化和法治化

严格规定网络空间准入标准，完善规章制度，发挥惩治效果，推动主客体互动的有序化发展。

一是提高网络空间准入标准，实行分级管理。高校思想政治教育工作者应深入研究大学生成长成才的发展规律，并以此为依据构建科学合理的分级管理体系。对于低年级的学生，应设置相对基础的准入要求与管理规范，着重培养其网络安全意识与良好的上网习惯。对于高年级的学生，其准入要求可适度提高，在管理上给予更多自主空间的同时，引导其在复杂的网络环境中进行深度思考。

---

① 华秀梅 . 网络自我互动的思想政治教育功能及其实现［J］. 江苏高教，2021（3）：97-100.

二是出台和完善管理网络空间的规章制度。政府应该执行监管的责任，制定统一的网络空间监管的法律规章制度，严厉打击破坏网络秩序者；社会各方尤其是网络媒体应尽到监督责任，制定相应的管理规定，发挥监督作用。

第三节　建立高校网络思想政治教育协调与监督机制

一、建立高校网络思想政治教育协调机制

（一）建立全过程教育体系

在保持和发挥网络思想政治教育优势的同时，必须注意做好大学生的"网前教育"与"网后教育"，使其教育优势互补，相互配合，构筑起全时关注、全程覆盖的教育体系。只有这样，才能充分发挥大学生思想政治教育工作的整体效力。

"网前教育"，就是在大学生入学后对其进行的互联网使用规范的教育。对大学生进行网前教育，最主要的是引导他们树立正确的网络观。

"网后教育"，即针对大学生因上网而产生的一系列思想问题，采用传统的面对面的思想政治教育方法（如作报告、演讲、讨论、座谈、个别谈心等），对大学生晓之以理、动之以情，从而促使其提高认识、解决问题，达到教育的目的。

（二）构建"一核多维"的网络思想政治教育平台体系

"一核"就是以高校党委宣传部负责的校级各类新媒体平台为核心，"多维"就是以各二级单位为建设主体的新媒体网络平台，构建包括文字、图片、海报、音频、视频等多种形式相互配合、相互补充的立体化平台体系。[①] 在具体建设过程中，学校党委宣传部等相关部门应发挥指导监督作用，对于内容雷同、关注度不高、功能单一的各类平台进行有效整合，避免重复和资源浪费，同时各二级单位的建设主体要突出各自平台建设的亮点和特色，把握优势，扬长避短，切实发挥平台在网络思想政治教育过程中的重要作用。

---

① 章洪丽. 高校网络思想政治教育平台建设的实践研究［J］. 辽宁农业职业技术学院学报，2023（2）：38-41.

二、建立高校网络思想政治教育监督机制

（一）加强网络监管

在建设和发展高校网络思想政治教育的过程中，加强对网络的监管不容忽视。对于网络空间，要依法治理和加强监督并举，以维护良好的网络环境。另外，高校要重视舆情监督，时刻保持警觉，重视舆论在网络的发酵和形成。

（二）技术监控和人员监控并重

一是制定监控内容的标准，明确监控的对象或范围，这是实施监控的前提条件。二是实行技术监控与人员监控相结合。高校网络思想政治教育应加大对监控技术的应用，大力开发适应高校网络思想政治教育需要的监控软件。在搞好技术监控的同时，加强人员监控，只有这样，才能互为补充、相得益彰。加强人员监控，首先要对网络思想政治教育的专职监控员，定岗定责，实行责任制和责任追究制；其次，可以在思想政治教育网站或主页上设置监督窗口，接受监督。

参考文献

［1］ 陈冬颖，郑洁. 智慧课堂提升高校思想政治理论课教学实效性路径探析 ［J］. 教育观察，2022（16）：64-66.

［2］ 陈凯. 高校思想政治教育意识形态功能强化路径分析 ［J］. 新教育时代电子杂志（学生版），2023（7）：100-102.

［3］ 陈思琪. 开展大学生网络法治教育的必要性及其意义 ［J］. 法制博览，2021（5）：181-182.

［4］ 郜晖，刘立清. 数字时代高校思想政治教育精准化模式的内涵要素及建构研究 ［J］. 教育观察，2022（19）：50-54.

［5］ 葛崇勋. 高校网络思想政治教育现存问题及解决途径研究 ［J］. 现代职业教育，2020（45）：6-7.

［6］ 公伟宇. 网络短视频创作 ［M］. 武汉：华中科技大学出版社，2022.

［7］ 郭鹏. 思想政治教育网络传播研究 ［M］. 武汉：武汉大学出版社，2022.

［8］ 何为，赵新国. 新时代高校网络思想政治教育队伍建设 ［J］. 广西社会科学，2019（9）：183-188.

［9］ 怀茜. 高校思想政治教育网络环境的优化策略分析 ［J］. 吉林教育（党建与思政版），2021（4）：53-54.

［10］ 蒋月. 优秀传统文化与高校思想政治教育融合发展研究 ［J］. 科教导刊（电子版），2020（33）：32-33.

［11］ 刘佳璇. 心理健康教育与高校思想政治教育融合：现实困境与对策探索 ［J］. 智库时代，2020（22）：127-128.

［12］ 陆官虎. 高校课程思政工作建设研究 ［M］. 长春：吉林大学出版社，2022.

［13］ 罗浩东，梁梦瑶. 网络背景下的高校大学生心理健康教育探究 ［J］. 智库时代，2020（6）：168-169.

［14］ 秦彪生，陈松. 网络思想政治教育主客体互动探析 ［J］. 北京教育（高教），2022（1）：75-77.

[15] 冉新月. 智慧课堂提升高校思想政治教育实效性对策探讨 [J]. 改革与开放, 2018 (12)：104-105.

[16] 任艳丽, 陈界. 短视频流行文化对高校思想政治教育的价值探究 [J]. 文教资料, 2023 (10)：59-62.

[17] 桑晓丹. 自媒体时代大学生媒介素养教育探究 [J]. 科教导刊, 2018 (29)：181-182.

[18] 司占军, 贾兆阳. 数字媒体技术 [M]. 北京：中国轻工业出版社, 2020.

[19] 宋颖博, 张文朝. 高校网络思想政治教育亲和力提升研究 [J]. 科教导刊, 2023 (7)：96-98.

[20] 田颂文. 传统文化与高校思想政治教育融合发展的价值审视 [M]. 北京：北京工业大学出版社, 2020.

[21] 王成芳, 方芳, 陈满. 心理教育融入高校思想政治教育的探讨 [J]. 大学 (研究与管理), 2023 (9)：193-196.

[22] 王利平. 网络环境下高校思想政治教育方法研究 [M]. 武汉：武汉大学出版社, 2020.

[23] 吴夏雷. 短视频平台在高校思想政治教育中的运用研究 [J]. 传媒论坛, 2021, 4 (8)：53-54.

[24] 肖伟华. 微博对高校思想政治教育的影响及对策 [J]. 智库时代, 2020 (5)：190-191.

[25] 徐科技. 高校网络心理健康教育发展现状 [J]. 科教导刊, 2021 (21)：22-24.

[26] 徐梦婷. 高校思想政治教育与意识形态认同的关系研究 [J]. 文教资料, 2023 (6)：59-61.

[27] 杨舒涵, 陈志娟. 新时代大学生网络安全法治教育路径探究 [J]. 法制博览, 2023 (23)：19-21.

[28] 章羽. 论非理性因素对高校思想政治教育的影响 [J]. 湖北社会科学, 2023 (4)：148-155.

[29] 郑玉萍, 刘昌俊. 传统文化与高校思想政治教育的融合路径探析 [J]. 品位·经典, 2023 (16)：27-30.